다 때리치고, 뉴욕

뉴욕에서 마인드 셋!!

현우진 지음

켈리 픽처스 출판

다 때리치고 뉴욕

Contents Group
Kelly Pictures
Film & Books. Life that Sugar coated

다 때리치고 뉴욕 - 뉴욕에서 마인드 셋!!

현우진

kellypic@naver.com

https://brunch.co.kr/@peter1217

동양철학 전공, 현재 커리어 디자이너, 콘텐츠 기획업을 하고 있다.

발 행 | 20203.8.28.

펴낸이 | 현우진

펴낸 곳 | 켈리 픽쳐스

출판사 등록 | 2023.03.30(제2023-120호)

ISBN | 979-11-982825-7-6(03940)

뉴욕에서 마인드 셋!!

다 때리치고
뉴욕

〈다 때리치고 뉴욕으로〉
독자에게

이 책은 뉴욕에서 한 달 살기하면서 그날그날 일기처럼 적은 블로그를 책으로 엮었다.

나는 나이 50이면 뉴욕에서 한 달 정도 살아보는 게 꿈이었다. 50이 되었을 때, 그 꿈은 이루어졌다. 그러나 한 달 살겠다는 꿈만 생각하지 그 전후 사정은 생각 못 했다. 월급쟁이가 한 달 정도 어디 갔다 오는 게 쉬운 일인가? 그렇다. 다 때리치고 뉴욕으로 가게 될 줄은 생각도 못 했다. 멋있는 중년이 돼서 작가가 되고 비즈니스맨이 돼서 나이 50에 한 달 정도 있으리라 생각했다. 그러나 현실은 대책 없이 그만두고 다 때리치고 뉴욕으로 가버리는 바람에 작가도 비즈니스맨도 아닌, 그저 실업자 상태에서 떠났다.

인생도 그렇고, 소원성취 기도도 그렇고 디테일하게 짜야 하나 싶었다. 신은 "소원한 것"만 들어주신다. 다만 50에 뉴욕에서 한 달 살겠다는 꿈은 이루어졌다. 그렇게 현실화된 나의 꿈을 블로그에 적었다. 블로그에 연재된 글을 재구성하고, 다시 보강하여 책을 출간하고자 하였다. 그러다 보니 블로그와 비교하면 콘셉트도 아예 다르고 색다른 콘텐츠가 기획되는 느낌이다.

원래 블로그 제목은 〈다 때려치고 뉴욕으로〉이었다. 물론, 뉴욕여행을 위한 분들에게도 필요한 정보들이 가득하다. 뉴욕여행의 정보가 필요하신 분에게 권한다. 또한, 뉴욕을 가지 않고도 방구석에 〈세계 테마기행〉, 〈걸어서 세계 속으로〉를 보는 기분으로 이 책을 읽으셔도 좋다. 왜냐면 살면서 누구나 공감할 수 있는 인생의 사색과 철학이 녹아들었기 때문이다. 물론 이 부분은 전적으로 내 생각이지만 말이다.

그런데 왜 하필 나는 왜 뉴욕으로 정했을까?

"사진 이미지 같은 장면을 떠올려 보시라. 좋은 기억이나 설레는 추억이 있다면 지금 그곳으로 다시 가보는 것은 어떨까. 당신의 아름다운 시절, 가장 꽃 같은 시기는 언제였을 까?"

그곳이 뉴욕이었다. 29세에 무작정 갔던 뉴욕을 49세에, 50을 눈앞에 두고 또, 회사를 때려치고 똑같이 무작정 떠났다. 여기서 교훈은 아홉수에 이동하지 말고 가만히 있어야 한다는 어른들의 말씀을 들으라는 것일 수 있겠다.

그러나 하고자 하는 이야기는 뉴욕을 여행하면서 직장 생활, 사회생활을 떠올리며 인생의 정신력을 가다듬어보는 에세이이다. 이 작품은 퇴사하고 번아웃 이후, 가까스로 정신을 겨우 차려 쓰기 시작한 글이다. 퇴사 전후로 번아웃을 겪은 후, 아무것도 하고 싶지 않았을 때 그때 무언가 해야겠다고 마음먹은 게 여행이었고, 처음으로 제대로 글을 쓰는 것이었다. 인생에서 무엇을 해야 할지 모를 때, 퇴사하고 무엇을 해야 할지 모를 때, 사색의 힘이 필요한 분에게 권하고 싶다.

맞춤법에서는 구어체 말맛을 살리려고 했다.

언어의 타격감을 주기 위해서 '때려치우고 뉴욕으로'가 아니라 '때리치고'라는 표현했다. 순간 열 받아 밥상 엎는 느낌을 주기 위해서이다. 미국 화폐 단위를 '달러'라고 쓰는 데, 쓰임새에 따라 평상시 발음인 '딸라'라고 했다. 프랑스의 지역 '칸 Cannes'도 '깐느'라고 쓰고, '파리 Paris'를 '빠리'라고 썼다.

CONTENT

다 때리치고 뉴욕

Chapter 2. 난, 너의 얼굴을 멀리서도 찾을 수 있어.

Chapter 3. 난, 자유의 여신상 왼쪽 새끼발가락 밑에서 헤어졌어

Chapter 4. 사표는 냈는데, 이제 뭐 하지?

Chapter 1. 당신의 화양연화는 언제인가요?

다 때리치고 뉴욕 뉴욕에서 마인드 셋!!

#01 (왜 뉴욕인가) 당신의 화양연화는 언제인가요?

다 때려치고 뉴욕으로

"사진 이미지 같은 장면을 떠올려 보시라. 좋은 기억이나 설레는 추억이 있다면
지금 그곳으로 다시 가보는 것은 어떨까. 그곳이 다시 당신에게 행운을
불러일으킬 수 있다. 당신의 아름다운 시절, 가장 꽃 같은 시기는 언제였을 까?"

　뉴욕여행의 세부적인 것들은 개인 블로그에 엄청 많이 있다. 어떻게 가야 할지 정말
디테일하게 기록해 둔 자료들이 많다. 내가 처음 뉴욕에 갔을 때는 인터넷 초기 시대여서
쉽게 서치할 수 없었다. "뉴욕" 책 한 권 사 들고 갔다. 사실 지금도 해외 어디 가나 현지
여행 정보책은 사 들고 간다. 유용하다. 여전히

뉴욕이었다.

나의 청춘, 20대 때 기억나는 장면 중 하나는 뉴욕이었다. 처음 비행기를 타
는 건데, 이왕이면 세계 제1 도시를 가고 싶었다.
슬프고 가슴 아픈 것들을 제외하고 어떤 사진 이미지 같은 장면을 떠올려 보
시라. 좋은 기억이나 설레는 추억이 있다면 지금 그곳으로 다시 가보는 것은
어떨까. 당신의 아름다운 시절, 가장 꽃 같은 시기는 언제였을 까?

당신의 화양연화는 언제였을까?

화양연화 같은 시절은 아니지만, 나의 20대의 이미지는 크게 두 군데였다. 하
나는 군산 그리고 뉴욕이었다.
군산의 여름. 넓은 논이 있었고 쨍쨍한 태양, 풀벌레의 울음소리들이 생각났
다. 그것은 고요함과 아늑함, 묘한 평화로움이 느껴진 장면들이다. 왜 군산에
갔냐고? 그때는 한국이 약소국이라 미군들의 범죄나 살인에 대한 처분이 관
대했다. 당시 분위기는 미군에 의해 한국 사람이 죽어도 말 한마디 못했다.
그래서 미군이 있는 곳에 항의하러 갔다. 아니 한국인이 멀쩡히 길을 가다 미

군에 의해 맞아 죽었는데 어디 하소연도 못 하면 그게 20대 청춘이라 할 수 있는가? 당연히 항의해야지. 동참했다. 그러나 그때는 미군 부대로 항의하는 것 자체가 대학생들에게는 구속감이었다. 결말은 어떻게 됐더라?

두 번째 기억은 뉴욕이었다. 29살. JFK 공항버스 주차장이 생각났다. 그냥 표만 끊고 갔다. 도착해서 무작정 갔던 뉴욕공항에서 담배만 한 10 가치 피웠나. 도착해서 뭘 해야 하고 어디로 가야 할지 계획이 없어서다. 너무 무작정 가서 공항에서 어떻게 뉴욕 중심가까지 가야 하는지를 몰랐다. 어디로 어

떻게 가야 하는지 몰라서 한참을 앉아 있었다. 담배를 안 피웠는데, 너무 답답해서 담배를 사서 피웠다. 그런데 어떻게 담배를 살 줄 알았지? 그것도 미스터리 하네.

(사진은 LA 쪽이다. 서부다. 뉴욕 아님, 진돗개라네. 이름은 '키위', 사랑스러워서 이 책의 첫 페이지에 뜬금없이 나오기로 했다.)

그냥 이 두 장의 이미지가 내 머릿속에 떠오른다. 아름다운 군산과 황량한 뉴욕공항의 버스 대기 주차장.

사실 그때 마음속에 걱정과 두려움이 있었다. 그러나 아무런 일도 신기하게 일어나지 않았다. 나쁜 일도 일어나지 않았다. 오히려 즐거웠고 가슴 벅찼고 자부심이 생겨났다.

그렇다. 걱정할 필요는 없었던 것 같다. 그런데 왜 그렇게 걱정만 하고 살았는지 … 이제까지.

다 때려치고 뉴욕

#02. (뉴욕행 마음먹기) 회사원 상처에는 아까징끼

다 때려치고 뉴욕으로

"자신의 상처를 돌아볼 시간이 있어야 한다. 당신 마음속 공간 구석에서 쭈그리고 앉아 울고 있는 당신을 돌보아야 한다. 그러려면 돌아볼 시간을 억지로라도 내야 하고, 스스로를 위로할 마음의 여유가 필요하다. 일처럼 투자처럼 해야 한다."

뉴욕에도 공항이 두 군데 있다. 대부분 JFK공항을 이용할 것이다. 서울에도 김포공항 인천공항을 확인해야 한다. 라떼는 김포공항에서 뉴욕으로 갔다.

두통 치통 생리통엔 아까징끼!! 벌써 오래된 유머이다. 예전에는 한국 구어체에는 일본어가 많았다. 아프면 복숭아 간소메(통조림)이고 긴 손톱에는 쓰메끼리(손톱깎기)이다. 1945년 한국이 독립을 해도 그렇게 식민지 잔재는 3대

가 간다. 블로그 '브런치' 맞춤법에도 아까징끼를 자꾸 "머큐로크롬"으로 바꾸라 한다. 무대뽀도 막무가내로 바꾸라고 하지만 말맛이 안 나는 관계로 그냥 쓴다. 아까징끼는 요오드로 만든 상처 소독용 약이다. 일명 빨간약이라고 하는 데, 요즘에 누런색으로 바꿔었다.

(사진은 남해, 한국이다. 뉴욕 아님, 영화 '헌트'에 나오는 보리암에서 찍은 사진, 여기서 다 때리치는 마음을 다스리고 뉴욕으로 가기로 했다.)

"두통 치통 아까징끼" 이런 말은 그저 대학 때 그냥 술자리에서 함께 외치는 말이었다. 그만큼 무대뽀 정신으로 하자는 뜻도 있었다. 정확한 처방이나 디

테일한 것은 없다는 뜻이기도 하다.

사회생활이나 직장 생활도 그렇게 하지 않았나?
상처받으면 그냥 정확한 진단 없이 아까징끼로 대응한 것 같다. 그래도 나는 "아까징끼"를 잘 쓰면서 직장 생활을 잘 보냈다. 팀원들과 늘 즐거웠고, 파트너 협력사도 잘 대해주었다. 보고서도 잘 쓰는 편이라서 윗분들 보고도 곧잘 했다. 그리고 새로운 기획일을 좋아해서 팀원들이 버거워했지만 즐거웠다.
월급쟁이 최적화 변신 요건 대방출을 해볼까?

1. 윗사람과 술자리에서는 절대 말하지 말 것, 불만도 말하지 말 것 - 리액션만 할 것
2. 회식자리에서는 늘 구석에 앉을 것,
3. 윗사람과 동행할 때는 반보 뒷걸음으로 걸어갈 것
4. 소주잔을 마주칠 때는 내 잔을 1.52센티 정도 낮출 것
5. 엘리베이터는 항상 늦게 탈 것
6. 윗사람의 지적질에는 늘 수첩에 경청하며 메모하고 반론을 제기하지 말 것

이런 비법들을 깨우치며 즐겁게 직장 생활을 했다. 아버지가 입원하고 아이가 아파도 회사에 휴가 안 내고 열심히 다니면서 웃고 다녔다. 창피한 일들도 많고, 말 못 할 일도 많고, 억울한 일도 많았지만 해피하게 다녔다.

사실 수다스럽고 잘난 채 잘하는 나는 월급쟁이로 최적화되어 변신했다… 라고 생각했지만, 퇴사 후 들은 이야기는 그게 아니었다. 나는 부적응자였다. 어느 날 한번 나를 돌아보았다. 제때 치료하지 못한 상처들로 내 몸에 얼마나 흉터들이 있는지, 아프지 않은 척해서 몸에 응어리가 졌는지, 이런 … 몰랐다. 이렇게 내 몸에 흉터가 많았는지….

• 뒷머리는 아직도 많이 부어올랐다. 뒤통수를 너무 많이 맞았기 때문이다. 특히 직접 오는 게 아니라 쓰리 쿠션으로 와서 어떻게 맞았는지도 모른다.

- 발등은 흉터가 선명하다. 도끼에 찍힌 적이 많아서 세로로 흉터가 길게 나 있다.
- 코도 무너졌다. 뒤로 넘어져도 코가 깨질 정도로 날이 많았다. 그나마 무너진 코도 베어 갔다. 훌륭한 실적은 눈뜨고 코 베어가듯 낚아채 가기 때문이다.
- 몸에 바늘로 대충 꿰맨 적도 많다. 늘 힘든 프로젝트를 등 따고 목 졸리고 배 째서 진행 했기 때문일 수도 있다.
- 간과 쓸개는 내 것을 안 쓰고 인공-기계부품이다. 내 간과 쓸개는 이미 회사에 갖다 바 쳤기 때문이다.

그러나 나의 흉터를 사랑하기로 마음먹었다. 그리고 브런치라는 블로그에 글 을 쓰기로 했다. 나에 대한 위로일까? 흉터를 위해 나는 비타민을 먹기 시작 했다. 그리고 요가를 다니고 헬스를 시작했다. 담배를 끊었다. 매일 1시간씩 걸었다. 매일 1시간씩 걸었다.

(사진은 보리암으로 가는 길 – 남해, 한국이다. 뉴욕 아님)

어느 날 길을 걷다가 문득 밤하늘을 보았다.
내 인생에서 기억나는 장면은 무엇 무엇인가? 싫었고 울었던 것 말고, 그냥 명징하게 기억나는 것은 무엇일까?
그래 거기로 가자…

뉴욕

만둘 거라 말하고, 화요일까지 일했다. 결국, 촬영을 마치고 집에 밤 1시에 들어왔다. 새벽에 공항으로 갔었다. 나의 첫 해외여행이었다.
그때가 29살. 나의 20대를 정리하는 여행이었다. 그리고 미국에 인연이 있었던 켈리라는 아가씨를 만나려고 갔다. 무작정 갔다. 일단 미국에서 전화해보지 뭐. 이런 마음으로 갔다. 당연히 상상 속이지. 뭐 켈리랑 뉴욕에서 멋진 밤을 보냈겠어. 일단 다 때려치우고 뉴욕의 항공권을 끊었다.

물론 여기서 교훈, 아홉수에는 무모한 일을 하면 안 된다.

다 때려치고 뉴욕

Chapter 2. 남을 위해 기도하는 걸 너무 늦게 배웠다.

다 때 리 치 고 뉴 욕 뉴욕에서 마인드 셋!!

#03 (뉴욕공항은 JFK) 행운의 근원은 바로 타인이 내게 베푼 배려이다.

다 때려치고 뉴욕으로

"행운이라는 말에는 은근히 우연이라는 말이 포함되어 있다. 마치 땡잡았다는 느낌이다. 그러나 모든 일에는 필연적인 이유가 있고 사연이 있다. 행운을 잡은 나로서는 그게 우연이지만, 그 행운을 안겨 준 사람은 진심일 수도 있다."

뉴욕공항 이름은 JFK공항으로만 알려졌지만 하나 더 있다. 뉴어크 리버티 국제공항은 EWR로 표시된다. 라과디아 공항은 국내선 전용이다. LGA로 표시한다. 대부분 JFK이지만 그래도 한번 확인해 보자. 어디로 가야 하는지… 서울도 김포공항 인천공항이 각각 다르다. 광주는 광주역과 광주송정역이 있다. 부산에는 부산터미널과 서부산이 있다. 서울 기차는 서울역과 용산역(주로 호남선)이 있고, SRT 수서역도 있다.

❝

아주 오래전, 강남 뉴욕 제과 앞에서 보자 했을 때, 그때부터 뉴욕에 가고 싶었다.

(뉴욕공항, 나를 반겨주는 듯했다.)

다 때리치고 뉴욕

뉴욕 첫날 아침, 뉴욕이구나

시차 때문에 새벽부터 눈을 떴다. 뉴욕 가기 전에 잠시 로스앤젤레스에 들렀지만, 여전히 시차 적응은 안 됐다. 젊을 때는 금방 시차 적응을 했었다. 그러나 나이 드니 힘들다. 역시 젊어서 놀아야 한다.

내가 뉴욕에 올 수 있었던 이유는 사실 한 달 동안 집을 봐주기로 했기 때문이다. '봐준다'라는 표현은 내 입장이다.

퇴사하고 한량처럼 지냈을 때이다. 감나무 밑에 입만 벌리던 나에게 뜻밖의 소식을 전했다. 나를 아는 선배가 뉴욕으로 불러준 것이다. 선배는 내게 한 달 동안 집을 보라고 했지만 사실 한 달 동안 머리를 식히라는 이유였다. 다행히 뉴욕에 있는 가족들은 모두 한국으로 여행을 떠난다고 했다. 그래서 내게 빈집에 있으면 어떠냐고 선배가 먼저 물어본 것이었다. 물론 선배는 그냥 해본 말일 수도 있다. 그러나 나는 얼굴이 은근히 두꺼운 내성적인 소유자이다. 바로 수줍게 겸양지덕을 발휘하는 척하고 오케이를 했다. 그리고 이 사항은 뉴욕에 있는 형수님(선배의 와이프)에게도 허락을 받았다고 전했다. 그렇지 형수님의 윤허가 중요하지.

얼굴도 두껍지. 나는 그렇게 해서 상상만으로 했던 뉴욕을 가기로 한 것이다. JFK공항에서 형수님을 뺐다. 형수는 나를 위해 기꺼이 마중 나와준 것이다. 참고로 내 선배는 서울에 있다. 형수님 얼굴을 본 것은 거의 20년 전이었다. 나를 위해 픽업까지 나와준 것이다. 차에 타면서 정말 자신이 좀 부끄러웠다. 이 낯짝. 나이 50에 뭐 하는 걸까. 남의 집에 얹혀살고….

그런데 상상만 했던 뉴욕 한 달 살기가 이루어지다니…. 이건 귀인 덕분이다. 나의 선배는 그러니까 나의 귀인이다. 가브리엘 천사 같은 사람이고, 사주팔자로 봐도 귀인이다. 감사하다.

나는 지금 퇴사하고 아무것도 안 하고 있지만, 이곳에서 운이 트일 거라 믿고 있었다. 각자에게는 행운의 장소가 있다. 그리고 어떤 좋은 일을 시작하기 위해서는 행운이 따른다고 믿는다.

나는 미국 유학 경험은 없지만, 미국에 출장이나 여행을 가면 늘 행운이 따랐다. 누구나 그런 장소가 있다. 또는 소원을 빌고 회개하는 각자만의 교회나 성당, 절 등 기도처가 있다. 지난번 미국 출장 후에는 승진이 됐었고, 예전 샌프란시스코 여행 이후 무사히 석사과정을 마칠 수 있었다. 그리고 샌프란시스코에서 무료로 15일 동안 서부 일주를 할 기회도 얻었다. 뉴욕은 시작 전부터 행운이었다. 이렇게 안전하고 넓고 조용한 집에서 혼자 있을 수 있을까?

그러나 이것은 나의 행운일까?

아니다. 상대방의 배려이다. 선배는 내게 뉴욕행을 권하고 자신의 집을 선뜻 내준 것이다. 행운이 아니라 타인의 배려였다.

20여 년 전, 샌프란시스코의 15일간 서부 일주 기회도 거기서 석사과정에 있던 친구의 배려 덕분이었다. 샌프란시스코에서 집에만 있던 내게 같이 가자고 권유를 하고 배려를 해준 것이었다. 물론 서부 일주는 방송 촬영이었고, 내가 그 일을 물어온 것도 있었다. 그러나 촬영이 가능했던 것은 함께 갈 수 있었던 친구 덕분이었다. 한국에서 아예 촬영 스태프가 왔었고, 친구는 섭외 및 기획, 운전일까지 도맡았다. 나는 그냥 친구 옆에 서 있는 것을 담당했다. 서부 구석구석 15일간 구경하고 말이다.

모두가 신의 은총과 인간의 배려 덕분이었다. 이것을 가지고 나는 행운의 사나이라고 하는 것은 오만이라고 생각한다. 오직 내가 신이 이끄는 대로 따라갔을 뿐이며, 남이 베푼 배려와 '적선'을 받은 것뿐이리라. 내가 이렇게라도 잘 살아온 이유는 우리 어머님의 새벽기도 덕분인 것처럼 말이다.

다시 한번 기회를 주신 나의 선배 '이 교수', 그리고 샌프란시스코에서 젊은 시절 함께 서부여행을 했던 지금의 '박 교수'에게 감사의 말을 전한다.

#04. (뉴욕 기차표) 안 풀리는 것은 사고 예방의 징조

다 때려치고 뉴욕으로

"몸이든 자동차이든, 자잘한 고장이나 부딪힘, 긁힘이 있으면 큰 사고가 날 전조증세이기도 하다. 그때는 마음을 밝게 하고, 안 좋다고 생각한 일은 멈추면 된다. 미리 가속도가 붙은 무모한 일은 멈추라고 신호를 보내는 것이다. 그래서 그런 신호를 알아차리고 교신하기 위해서 나만의 시간을 갖는 게 중요하다. 그게 명상이든, 사색이든 상관없다. 그냥 방구석에 가만히 있어도 된다. 화려한 네온사인을 쫓지 말고 "

해외에서 종종 카드 IP를 물어보는 경우가 있다. 6자리인데, 한국에서 미리 번호 확인을 하고 가는 게 좋다. 그리고 미국에서는 50달러도 크다. 현금은 20달러 이하 지폐로 갖고 다니는 게 좋단다.

❝

몸이 먼저 반응한다. 이상한 느낌이 들었다. 엇!!! 징조다. 위험한 징조다.

뉴욕에 드디어 혼자 있다. 집주인의 가족들은 모두 한국으로 갔다. 뉴욕에 있는 넓은 집을 관리하며 혼자 지내는 것이다.

뉴욕 첫날, 나는 아침에 베이글 먹으러 혼자 가보았다. 사실 난 베이글을 안 좋아했다. 한국에서 유명한 미국 커피숍의 베이글을 먹으면 지우개 먹는 것처럼 "질기다". 그러나 이 동네 베이글은 직접 구운 빵으로 굉장히 부드러웠다. 크림치즈 역시 '크림' 같은 '치즈'여서 먹다가 뚝뚝 흐를 정도였다. 소문에는 주인이 한국분이라고 들었다. 너무 맛있는 베이글 집이었다. 뉴욕 관광으로 오신 분들은 먹으러 오기에는 너무 멀다. 여러분이 있는 곳에 얼마든지 있으니 드시면 된다.

그런데 차 없이 집에서 베이글 가게까지 다니기에는 생각보다 멀었다. 날씨는 12시가 가까우니 금방 더워졌다. 집으로 돌아와 누워 있었다. 뉴욕은 소파 위에 뒹굴기 위해 가는 거니까. 시내로 나갈까 말까 하니 오후 2시. 해가 별 뜨겁지 않겠거니 하고 그럼 간단히 타임스퀘어 구경만 하고 오기로 했다. 그래도 뉴욕에 왔는데, 첫 방문지는 뉴욕의 심장 타임스퀘어 가는 게 좋을 듯했다.

우리 동네는 뉴욕 시내 펜스테이션 역까지 직통으로 연결되어 있다. 거기서 그냥 걸어가면 대충 나올 것 같다. 목표를 타임스퀘어 지나서 센트럴 파크 입구만 찍고 다시 오는 일정을 잡았다. 그러고는 집을 나왔다. 집에서 기차역까지 20분을 걸어가야 한다. 뙤약볕에 집을 나와 걷기 시작했다. 그러나 나는 이상한 느낌이 들었다. 엇!!! 징조다. 위험한 징조다.

마치 나의 위장과 대장에 쥐들이 산다면 위험을 직감하고 뛰어내렸을 것이다. 옛날 배들이 위험에 처하면 쥐들이 중간에 들리는 선박장소에 모두들 "하선" 한다고 하지 않았나. 살짝 배가 아팠다. 아침에 크림치즈와 베이글, 점심에 우유 마신 것이 문제였다. 그러나 이 정도는 괜찮다고 생각했다. 징조를 무시하고 기차역으로 갔다. 너무 더워 다시 집으로 가기도 모호한 거리까지 왔다. 나는 그저 징조를 무시하고 기차 떠나는 시간을 맞춰서 즐겁게 걸어갔다. 기차역이다.

뉴욕의 지하철, 티켓은 쉽게 자동판매기로 살 수 있다. 자판기에 한글 번역으로 표시된다. 왕복으로 살까 하다가 10회권으로 샀다. 아니 살려고 했다. 사실 지하철이 아닌 기차라고 할 수 있는 롱아일랜드 노선꺼하고 뉴욕 시내에서 간단히 돌아다니는 메트로 권도 통합된 티켓도 있다. 그거 사야지. 그러고는 카드를 넣었다. 티켓 자판기는 카드의 IP 번호를 요구했다. 이건 뭐지? 카드 비밀번호를 눌렀다. 아니다. 아니면 카드 뒷면 세 자릿수를 눌렀다. 안된다. 뭐지? 할 수 없이 10회권을 사지 말고 왕복 티켓을 구매하기로 했다. 현금도 되니까 말이다. 50달러를 넣었다. 자판기는 나의 50달러를 토해 냈다. 50달러는 너무 큰 현찰이라 안 받는다고 한다. 20달러까지만 받는다. 아…그냥 돌아가야 하나.

하필 현금은 50달러 지폐만 있다. 돌아가야 하나. 뒤를 돌아보니 내가 자판기 앞에 허둥대다가 결국 기차는 떠났다. 아…기차는 갔구나. 집으로 돌아가기에는 너무 더웠다. 허탕 치는 발걸음도 그럴 것 같다. 기분이 안 좋다.
안 풀린다…. 어쩔까….

그때였다. 갑자기 신호가 왔다. 악…. 배가 아프다. 이건 베이글에 처발처발한 크림치즈와 미제 우유의 합작품, 정말 강력한 뱃속에서 강력한 한방을 예고할 최상의 듀오, 크림치즈와 우유. 이게 하필 지금 신호가 왔다.
동물적인 신호다. 나는 직감했다. 무조건 뛰었다. 당연히 기차역에는 화장실이 없다. (사실 있었다. 물론 닫혔다) 딴 곳은 모르겠고 여기는 없다. 난 스타벅스로 갔다. 제발 제발 있어 다오. 화장실…. 필사적으로 뛰었다. 사실 스타벅스 베이글도 맛있다며 반성했다. 대신 제발 화장실이 있고, 문도 열려있기를 바라요. 나는 스타벅스에 들어가자마자 동물적인 느낌으로 화장실로 직진!!! 다행히 문이 열렸다.

휴 살았다. 화장실에서 사색했다, 예전 칸으로 출장을 갔을 때다. 그때도 카드 IP 번호를 몰라서 카드회사로 전화를 했었다. 그렇다. 이제 IP 번호가 생각났다. 번호는 6자리이다. 숫자를 6개 누른다는 것만 생각나고 사실 숫자는 기억이 나지 않았다. 일을 보고 천천히 기차역으로 다시 가서 카드를 넣고 번호를 눌러보았다. 세 번 만에 여섯 번호를 찾아낼 수 있었다. 티켓을 사서 이제 20분만 더 기차를 기다리면 된다.

안 풀리는 것은 사고 예방의 징조이다. 사실 좋은 것이다. 내가 만약 표를 기차역에서 쉽게 샀으면 어떻게 됐을까? 바로 표를 끊고 바로 시간 맞춰 기차를 탔다면 어땠을까? 나는 대참사를 기차 안에서 맞이했을 것이다. 뉴욕여행 첫날부터…. 아 끔찍. 결국, 처음 표를 사는 것부터 버벅댔던 것은 나쁜 게 아니었다. 덕분에 화장실도 무난히 갔다고, 상쾌한 마음으로 다음 기차를 탈 수 있었다.

그래서 안 풀리는 것은 그냥 사고 예방의 징조인 것이다. 다행으로 생각했다. 잘 되는 것, 안 풀리는 것 모든 것이 감사했다.

기차를 탔다. 여기는 옛날 서울역처럼 직원이 돌아다니며 표를 일일이 검수하고 확인한 표를 스탬플러(스탬플러라 쓰고 호츠케스라고 읽는다)같은 것으로 찍는다. 우리처럼 모든 것을 기계로 바꾸지 않는다. 물론 앱으로도 표를 살 수 있고, 검수자는 핸드폰을 보고 티켓을 확인한다. 기차 안에서 직원을 통해 직접 신용카드로도 티켓을 살 수 있게 해두었다.

나는 기차 안에서 편안하게 앉아 표를 검수자에게 보여주었다. 그러고는 뒤를 돌아보았다. 내가 타는 롱아일랜드 기차는 안에 화장실이 있었구나….

#05. (브루클린 브릿지) 사표, 바다로 가기 위한 티켓팅

다 때려치고 뉴욕으로

"아뿔싸. 배수진을 썼던 나는 싸우지도 못했다. 그냥 바다에 빠져버려 흘러 가버렸다. 그냥 떠다니는 나무상자 하나 붙잡고 간신히 살았다. 이제 어떻게 될까? 배수진은 잘못된 전술일까? 상어에 잡아먹히거나 열사병으로 죽을까? 하지만 확실한 것은 하나 알았다. 중요한 것은 "바다는 넓다"라는 것을 알게 되었다."

 브루클린 브릿지는 볼 게 많다. 사진만 찍고 가는 게 아니라, 충분히 쉬고 돌아보는 게 좋다. 덤보라는 장소에서 사진을 찍으려면 브루클린에서 맨해튼으로 가는 방향의 다리로 가면 된다. 기차역은 하이스트릿, 요크 스트릿 내리면 된다. 시내에서 지하철 탈 때 방향은 다운타운&브루클린 방향으로 타고 가면 된다.

66

배수진은 잘못된 전술일까? 하지만 확실한 것은 있다. 바다는 아주 넓고 푸르다는 사실을 알았다.

브루클린 브릿지로 가보았다.

원스어폰어타임의 한 장면이 나를 여기까지 오게 했다. 그곳을 덤보라고도 한다. 근처에 식당과 숍, 공동화장실이 많이 있으니 관광에는 불편이 없다. 무조건 관광지에서 도착하면 해야 할 첫 번째는 화장실 체크부터….

덤보라는 장소에서 사진을 찍으려면 브루클린에서 맨해튼으로 가는 방향의 다리로 가면 된다. 기차역은 하이스트릿, 요크 스트릿 내리면 된다. 시내에서 지하철 탈 때 방향은 다운타운&브루클린 방향으로 타고 가면 된다.
그런데 뉴욕의 지하철 플랫폼에는 각 지하철의 노선도가 없다. 이번 열차가 어디로 어떻게 가는 지가 없다. 다양한 노선이 한 플랫폼에 지나간다. 그래서 이게 뭔지를 모르고 어디를 가는지 모른다. 그냥 그럴 땐 대충 업 또는 다운타운 방향으로 대충 타고 가면 된다. (나는 그렇게 다녔다.)

나는 점보 근처에서 혼자 뇨끼를 점심으로 먹었다. 이탈리아 레스토랑에서 와인 없이 먹는 건 처음 같다. 너무 덥고 사람 많은 푸드 코트라 물만 시켰다. 여유 있게 혼자서 와인 먹고 그럴 곳은 아니다. 게다가 너무 더워 와인 마시고 걸을 수 없을 것 같다. 먹고나서 생각한 것은 역시 뇨끼는 한국 강릉의 테라로사 본점 레스토랑이 제일 맛있다.

(아래 폐공장 같은 곳이 식당이다)

먹고 나서 고민했다. 저 다리를 건널까 말까. 그거 알지? 다리를 한번 걷기 시작하면 이상하게 되돌릴 수 없는 거. 일단 시작하면 돌아가자니 아까운 거.

그래서 다리를 건너는 마음은 중요하지 않다. 묵묵히 그저 걸음씩 내디디면 결국 "돌아갈 수 없는" 강을 건널 수 있다는 것. 이 더운 날 꼭 건너야 할까? 이왕 왔으니 건너가 보자. 힘들지만 말이다. 건너가면서 사표를 낼 때를 생각해보았다.

돌아갈 수 없는 강.

그건 회사에 사표를 던지는 것도 마찬가지다. 사표는 늘 생각하지만, 막상 낸다면 어디로 가야 한단 말인가?

정년보장의 유혹, 복지부동하고 시키는 것만 하면 60까지 큰 탈 없이 있을 수 있는 곳이었다. 아무것도 하지 않지만 정말 아무것도 하지 않아도 되고, 조금 열심히 일하면 괜찮은 회사였다. 게다가 모든 유튜브와 자기계발서에 나오는 "퇴직 전 미리 창업 또는 비즈니스 실행, 현금 파이프라인을 만들어라. 또는 이직 회사를 확정해라"이다.

그러나 이직이나 퇴직은 공기관에선 쉽지 않다. 내가 나이도 있고 비슷한 공기관 정도 이직하는 것도 별로였다. 그리고 일반적으로 직장인이 투잡 뛰는 게 쉽지 않다. 대부분 그렇듯이 나 역시 회는 회사 일로 바쁜 것도 있었고, 공부도 하고, 승진도 해야 해서 도저히 투잡이나 파이프라인, 이직 검색 등을 할 시간이 없었다. 게다가 나는 스스로 사표를 낼 생각도 사실 없었다. 모든 직장인이 그렇듯 승진하고 퇴직하고 싶었다.

그런데 나이 들어도 나는 새로운 일, 내가 행복한 일을 하고 싶었다. 남을 이지매로 괴롭히고 줄 잡는 것을 경쟁과 실력으로 착각하는 바보들의 터전에도 있기 싫었다. 내가 하고 싶은 일을 찾아보자… 뭘 할지 모르지만,
그래. 사표를 내자. 과감하게 배수진을 치자. 배수진은 알다시피 병법의 한 기술이다. 뒤에 물(큰 강, 바다)을 두고 싸우는 전술이다. 즉, 물에 빠져 죽지 않으려고 죽자사자 싸워 이기는 병법이다.

아뿔싸. 배수진을 썼던 나는 싸우지도 못했다. 그냥 바다에 빠져버려 흘러 가버렸다. 아… 어디로 흘러가는 걸까… 어푸어푸. 바다는 너무나 넓었고 물은 너무나 깊었다. 망망대해에 크루즈 배를 타고 가는 게 아니었다. 영화 '라이프 오브 파이'처럼 호랑이와 함께 탄 작은 돛단배도 아니었다. 그냥 바다 위 나무상자 하나 붙잡고 망망대해를 떠다니는 것과 같다.

배수진은 잘못된 전술일까? 하지만 확실한 것은 있다. 바다는 아주 넓고 푸르르다. 확실한 것은 좁디좁은 소주잔처럼 작은 곳, 에스프레소 잔만 한 작은 꿈을 꿔야 하는 곳, 좁쌀 같은 무리들의 소굴에서 벗어났다는 것이다. 이제 어떻게 될까? 상어에 잡아먹히거나 갈증과 열사병으로 죽을까?

(옆에 사진은 브루클린 브릿지에서
찍은 사진)

그런 생각으로 브루클린 브릿지를 다 넘어왔다. 어느새 건너온 것이다. 생각보다 어렵지 않았다. 건너지 않았으면 굉장히 아쉬웠을 것이다. 멀리 보이는 자유의 여신상, 대서양의 시작인

바다, 맨해튼의 마천루를 다리 위에서 볼 수 있었다. 건너오면 차이나타운이다. 예전에는 영화 '그램린' 때문에 차이나타운에 오고 싶은데, 결국 이렇게 와버렸다. 그램린은 귀여운 인형같이 생긴 몬스터인데, 물만 닿으면 괴물로 변해버리는 영화이다. 차이나타운을 거닐며 길거리에 있는 지도를 보고 일단 지하철로 걸어갔다. 여전히 날씨는 더웠다. 그래도 마음먹기 잘했다. 강을 건너기 잘한 것 같다. 배수진을 친 것도 잘 한 거겠지.

#06. (뉴욕에서 해수욕) 사과 향은 외로움을 감싸고

다 때려치고 뉴욕으로

"나는 선택한 것을 의심했고, 결과를 책임지려 하지 않았다. 그저 팔자와 운명을 탓했다. 또는 나의 상황과 환경에만 핑계를 대곤 했다. 아마도 내가 무엇을 이룰 것인지, 하고 싶은 게 무언지 몰랐기 때문이다."

뉴욕에서 해수욕을 즐기려면 중심가에서 1시간 반 내외가 소요된다. 존스 비치라는 곳이 대표적이다. 대중교통으로 가능하다. 여름에는 그곳에서 파티나 DJ 파티가 많이 열린다. 어땠냐고? 사실 안 가봤다. 아니 인연이 안 돼서 몇 번이나 가려고 하다 못 갔다. 다… 어디든 인연이 따라야 한다. 가려고 하면 그날 아프고, 가려고 하면 그날 또 아팠다. 이상하게 못 갔다.

❝
몰랐다. 이렇게 글 쓰는 것이 내가 좋아하는 일이라는 것을

3일 동안, 뉴욕의 첫 금, 토, 일, 황금 같은 주말에 집에만 있었다.

금요일 토요일은 집 앞으로 살짝 산책만 했다. 주말이라 연인들, 가족들이 식당이나 공원에 가득 있었다. 집 앞에 가다가 구스야 뭐야… 새들이 인도를 점령하는 바람에 나 혼자 당황해서 멈칫한 적도 있다.

(옆에 사진은 집 앞 구스들, 똥을 무지하게 싼다. 주민들 모두 구스도 똥도 신경 쓰지 않고 잘만 다닌다.)

원래는 주말에 바닷가로 가려고 했다. 해변가는 차로 가면 30분인데 기차로 가면 2시간 정도 거리이다. 해변가인 존스 비치로 갈려고 준비도 하고 도시락도 싸고 공연을 볼까 말까 망설이는 중이었다.

나는 설렜다. 왜냐면 내게는 처음 인사하는 대서양이기 때문이다. 태평양 인근 반도에 사는 나로서는 첫 대서양이었다. 눈으로 보는 대서양 말고, 직접 몸으로 뛰어드는 대서양 말이다.

그래서 도시락용으로 햄, 치즈, 슬라이스 된 빵, 샐러드를 좀 샀다. 안 그래도 한국에서부터 방수용 핸드폰 지갑도 사 온 터이다. 그러나 주말에 몸살이 난 듯 아팠다. 다행히 열은 없다. 코로나는 아닌 듯한데 움직일 수 없을 정도이다. 아마, 20년 넘은 정규직 생활을 억지로 웃으며 지내다가 퇴사를 하니 긴장이 풀어진 것인가 보다. 그래서 주말에는 나가지도 못했다. 몸이 너무 아프고 추웠다. 여름 날씨인데도 심지어 양말을 신을 정도였다.

한국에서 비상약으로 아스피린을 사뒀다. 이럴 줄 알고……. 그러나… 아 놔 정말… 한국 약국에서 아스피린 달라고 했는데 여기서 보니 심장질환용 아스피린을 줬다. 그 약사 증말 짜증이야… 하…. 그러나 잘못은 내게 있다. 약을 내가 직접 확인을 못 했다. 그런데 이거 효능이 어떤 거야? 그러나 급히 일어났다. 냉장고나 어디에 곰팡이가 있나? 맞다. 전기밥솥에 내가 밥을 했는데, 까먹고 안 치웠다. 이미 곰팡이가 솜처럼 폈다.

냉장고나 밥솥에 곰팡이가 피면 몸이 아프거나 안 좋은 일이 생긴다. 그래서 나를 돌보는 것은 집안일을 치우는 것부터 시작한다. 그렇지 않고서 내 몸에 암이 자라는지, 내 업무에 무언가 쓸데없는 돈이 새는지도 알 수 없다. 늘 깨끗해야 복이 들어온다. 점검해야 한다.

아픈데 설거지부터 했다. 주말에 혼자 뭐 하는 거냐는 생각이 들었다. 아프니까 서럽고, 누가 김치찌개라도 해줬으면 했다. 진한 외로움에 혼자 누웠다.

다 때리치고 뉴욕

하지만 그 외로움은 꾀병이고 투정이고 질투일 수도 있다. 나의 처한 상황을 바라보았다. 결국, 모든 게 내가 결정한 것이다.

- 누가 뉴욕으로 가라고 한 사람 없다. 다들 바쁜 데 그리 길게 가냐고 했다.
- 누가 회사 그만두라고 한 사람 없다. 회사에서 더 다니라고 했다.
- 누가 집을 나가라고 한 사람도 없다.
- 누가 혼자 뉴욕 가라고 한 사람도 없다.
- 더운데 뙤약볕에 브루클린 브릿지를 건너가라고 한 사람도 없다.
- 내가 다닌 회사는 내가 직접 지원한 회사이다.

그렇다. 모두가 내가 결정하고 내가 결심한 것이다. 대부분 상황과 현실은 내가 선택한 것이다. 내가 선택한 것을 회피하려고 했다. 그래서 힘든 게 있으면 팔자 때문에 또는 주위 사람을 탓했다. 그러나 모든 걸 내가 선택하고 내가 하기로 했었다. 그러니 이제부터라도 마음 단단히 먹어야지. 그리고 내가 결정한 것이니 나의 결정을 사랑하기로 했다.

(위의 사진은 집 앞에 나오면 바로 바다이다. 물론 구스 똥 때문에 쉽게 뛰어들 수 없다.)

아프니까 외로움이 느껴졌다. 이 외로움은 뭘까? 외로움은 질투이다. 그냥 지가 때려치고 뉴욕으로 온 것이다. 나는 인생의 전략도 계획도 없이 "때리치고" 나온 것이다. 그래서 외로움을 한 발짝 뒤로 물러 바라보았다. 외로움은…

- 나보다 잘난 사람보다 더 잘될 거라는 질투
- 나 혼자 있으니 나 좀 알아봐 달라는 투정
- 외로움은 조직 속에 인정받으며 소속감을 얻고 싶다는 강렬한 욕망
- 지금의 고난에 대한 회피

이런 거 일 수 있다. 나에 대해 냉정히 말했나. 맞지. 자기 인생에 계획이 있고 전략이 있으면 외롭지 않다. 묵묵히 혼자 자신의 길을 간다. 인생의 사명대로 가는 거다.

그리고 몸이 아픈 거 당연한 거 아닌가? 뙤약볕에 어제 하루 18km씩 돌아다녔으니 병이 나지. 육체는 나에게 좀 쉬라고 말을 하는 것 같다. 늘 육체는 정신보다 앞서니까. 나는 가끔 "정신은 산만하고, 성인 ADHD 환자"라고 놀림당한다. 그래서 그나마 육체가 허약한 게 다행이란 생각이 든다. 정신도 산만한데 몸이 튼튼하면 여기저기 떠도는 몸이 되었을 것이다. 지금은 몸이 하라는 대로 하는 게 제일 좋다. 이렇게 된 거 푹 쉬자. 그래 쉬자. 주말, 뉴욕에 방구석에 있으면 어떤가.

> 나는 지금 마트에서 산 썰어놓은 신 사과에
> 설탕을 넣고 물을 부어 사과 차를 만들고 있다.
> 거실에는 사과 향이 감싸고
> 나는 몸이 좀 괜찮아 블로그 브런치를 쓴다.
> 외롭지 않고, 행복하고 좋은 일만 가득할 것 같다.
> 몰랐다. 이렇게 글을 쓰는 게 내가 좋아하는 일이라는 것을

#07. (뉴욕현대미술관 MoMA) 생각하라. 이루어진다.

다 때려치고 뉴욕으로

"언제부터인가 '뉴욕에 한 달 살았으면 좋겠다' 생각은 예전부터 했었다. 정말 될지는 몰랐다. 모두 신의 뜻대로 내 소원대로 이루어졌다. 대신 뉴욕에 한 달 이상 있으려면 회사를 관둬야 하는 신의 "조건"을 몰랐다."

뉴욕 현대미술관은 각종 인터넷 사이트에서도 표를 예약할 수 있다. 단, 표를 받으러 가야 하는지, 모바일 티켓으로 되는지 확인해 보면 된다. 여름 성수기에도 그냥 현장에서 표를 끊었다. 미술관 주변에 백화점, 방송국, 성당 등 볼거리가 많다.

❝
유명한 그림만 보는 것도 좋지만, 미술관에서 자기가 좋아하는 그림을 꼭 하나 발견해 볼 것. 귀인을 만나는 것처럼 그림이 당신에게 무언가 이야기를 해줄 것이다.

치즈 두 장, 슬라이스 햄 한 장, 베이글 1/6. 사과 6조각, 물 이렇게 도시락을 쌌다. 뉴욕 현대미술관 갔다가 점심을 공원에서 먹을 요량이었다. 그리고 패트릭 성당에 가서 기도하고 마음을 다지고 와야겠다 싶었다. 물론 난, 천주교 신자는 아니지만, 성당에 앉아 있는 것을 좋아한다. 어쨌든 오늘은 차분히 있으려고 했다. 그래서 뉴욕 현대미술관에 가고, 패트릭 성당에 가고 공공도서관에 가보려고 했다. 이 스케줄만으로도 참 사람이 차분하고, 신심이 깊다고나 할까? 모든 게 한 곳에 모여 있다.

뉴욕 현대미술관(MoMa)에 있는 피카소, 클림트, 고흐, 마티세, 모네, 몬드리안 그림들을 보는 것도 좋다. 그런데 나는 이날 특별전시회가 아주 마음에 들었다. 아프리카 관련 특별전시회였다. 나는 아프리카의 그림을 보고 큰 영감을 얻었다. 특별 전시 내용은 아프리카의 어떤 선생님의 작품에 대한 전시회였다. 그는 전문 화가가 아니지만, 아이들에게 글을 가르치기 위해서 그림과 글을 적어 놓은 낱말카드를 만들었다. 그 낱말카드를 전시하는 것이었다. 그 카드는 실용적이고 예술적이었으며 상당히 투박했다. 행정가였던 그는 교육사 업을 했던 것이다.

아이용으로 그린 카드에는 낱말공부용뿐만 아니라 풍속과 생활상을 기록하기 도 했다. 예를 들면 백인과 흑인의 성행위, 동성 간 항문 성교 등 '생활' 속 그림들을 그려 놓았다. 각국의 국기도 있어서 한국 그림도 찾아보는 것도 재미가 있었다.

난 이 전시가 너무 좋았다. 왜냐면 한국에는 접하기 힘든 문화를 접할 수 있기 때문이다. 한국의 뉴스는 지상파 3개, 종편 4개, 뉴스 전문채널 2개 중에

아프리카 뉴스를 접하기는 쉽지 않다. 정보가 빈약하니 비즈니스를 할 생각도 나기 힘들다. 오직 허공에 떠도는 정치인의 말만 가지고 하루종일 방송을 해댈 뿐이다. 그래서 뉴욕 전시관에서 이런 것들을 빼놓지 않고 보는 것도 유의미하다고 생각한다. 이후 패트릭 성당에 잠시 들러 앉아 있었다.

패트릭 성당 앞 랄프로렌 커피는 꼭 마실 것, 이 커피는 아마 도쿄 오모테산 도의 랄프로렌 폴로 매장 앞에도 본 것 같은데 모르겠다. 어쨌든 성당 옆 삭스 백화점에서 쇼핑하는 것도 포인트이다.

다 때려치고 뉴욕

(성당과 커피차)

아름다운 패트릭 성당 주변에는 럭셔리 메이커들과 백화점이 즐비했다. 눈이 너무 돌아갔다. 아… 성당에 앉아 하느님, 성모 마리아께 한 기도는 정녕 헛되도다. 금세 물욕에 사로잡혔도다. 오늘 계획에는 쇼핑이 없었지만, 몇 개를 사버렸다. 퇴직자이자 실업자가 이렇게 돈을 아끼고자 도시락까지 싸서 뉴욕 시내에 왔는데 말이다. 계획대로 되지 않았다. 헛되도다,

그렇다. 인생이 내가 계획대로 된 적이 있던가. 오직 신의 뜻대로 흘러가는 것이리라. 그래 계획대로 꿈대로 된 적이 있나? 누구에게나 꿈이 있다. 그런데 꿈을 꾸었을 때는, 자신의 발바닥으로 한 걸음 한 걸음 디뎌야 한다. 꿈을 꿀 때, 스태프를 어떻게 어디로 디딛는 게 사실 제일 중요하다. 나는 이 간단한 걸 모르고 살아왔다. 한 번에 휙 가는 것만 생각했다. 사실 알면서도 회피한 것일지도 모른다. 편하게 살려고 말이다.

그나저나 난 어떤 꿈을 꿨지? 나의 직업은 대학 때나 대학 졸업 때나 한번도 생각해보지 않은 분야였다. 입사도 그랬고, 퇴사 마저 한번도 생각하지 못했다. 사주팔자 점집 유람 20여 년 경력 속에 어디에도 "내가 퇴사할 팔자다" 라고 이야기한 사람은 한 명도 없었다.

다만, 직장 생활을 하면서 꿈을 꾼 건 있다. 난, 나이 50세가 되면 난, 뉴욕에서 한 달 이상 살 거야.

그런데 정말 될지는 몰랐다. 모두 신의 뜻대로 내 소원대로 이루어졌다. 대신 뉴욕에 한 달 있으려면 회사를 관두라는 신의 "조건"이 있을 줄이야. 모든 게 신의 뜻대로, 하느님의 인도하심이, 알라신의 뜻대로 이 모든 게 조금은 이해가 갔다. 어릴 적에는 "운명은 인간이 개척하는 것", "운명은 스스로 정하는 것"이라고 배웠고 그렇게 살아왔다. 나는 동양철학을 전공한 과학자로서 당연히 그래야 한다고 배웠다. (물론 수업참여일수와 학점을 말하면 할 말 없다) 그렇다. 개인의 자유의지가 실행해서 운명은 흘러가는 것이다. 그러나 의외의 것이 나타나고 꿈만 꿨는데 정말 이루어져서 오히려 당황하는 세월이 온다. 그리고 생각지도 못한 것들이 여기저기 터진다.

그래서 작은 스텝들을 하나하나 밟아가야 한다. 신의 뜻대로 가는 것이 얼마나 힘든지, 나의 의지대로 가는 게 얼마나 힘들지 모를 것이다. 그래서 작은 스태프 하나하나 밟아가야 한다. 하나하나 단계를 밟아 나가기 위해 신발 하나 샀다. 백화점에서 아주 싸게 샀다고 생각한다. 야호~

#08. (뉴욕 허드슨강) 인생의 무의미함도 의미가 있지

다 때려치고 뉴욕으로

"인간의 행동에는 의식적이고 자주적이다. 그러니 무의미한 문화도 없고 의미
없는 사색은 없다. 물론 혼자 가는 여행에서 사색 그런 거 없다. 우연히 만난
인연, 불꽃 같은 만남… 그런 거 없다. 수줍은 나에게는 말이다. 그래도 여기
뉴욕여행이 무의미하지만은 않다. "

뉴욕의 젖줄은 당연 허드슨강이다. 센트럴 기차역에서 티켓 자판기로 가면 쉽게 티케팅을
할 수 있다. 화면에 허드슨 라인을 선택하고 끊으면 된다. 미리 예매까지 안 해도 된다.

"
공기업을 그냥 그만둔다고? 그 나이에?

"어디 좋은 데 가기로 했어? 좋은 데 간다며 소문이 그래" 또는 "미쳤어? 사고 쳤어? 왜 그만둬? 너 오늘 뭐 해?" "너 소문 다 났어. 사고 쳐서 할 수 없이 그만둔 거라며", "잘 했어. 회사가 너를 받아들이기에는 너무 작아. 머리도 나쁜 애들이 너무 많고"

그럼 나의 답은 늘 하나였다.
"나 여기 뉴욕이야. 소문은 사실이 아니니까 신경 안 써. 다만⋯. 난 지금 뉴욕이야. 그냥 있어. 특별히 여기서도 계획이 없고, 오늘도 없고. 다만, 행복해지고 싶어 이제. 내 모습대로 살고 싶고."

어제오늘 통화한 내용이 생각났다. 나는 이내 창밖을 바라보았다. 기차 창밖으로 허드슨강이 보였다.

오늘도 뉴욕 시내에 나왔다. 너무 더웠다. 걷지 말고 앉아서 관광하는 방법이 무얼까? 그렇다 그냥 기차를 타기로 했다. 오늘 할 일, 오늘의 뉴욕 관광은 늘 당일 아침에 정한다. 그렇게 허드슨강으로 가보기로 했다.

대부분 그냥 일단 시내에 나가보기로 한다. 또는 기본적으로 봐야 할 곳들이 많은 메트로폴리탄 도시다 보니 그것만으로도 충분하다. 오늘 박물관을 갈까 미술관을 갈까 그런 식이다. 근데 오늘은 정말 의미 없이 허드슨강을 올라가 보기로 했다.

(센트럴 역에서 타는 기차, 허드슨 라인으로 들어가자마자 왼쪽 기차를 타면 된다.)

허드슨강을 보고 싶었다. 그래서 또 그랜드 센트럴 기차역으로 갔다. 그냥⋯. 인디언들이 살았다는 그곳. 풍부한 자원과 비옥한 땅이라는 뉴욕, 정말 물이 흘러 흘러 복들을 모아 모아 뉴욕으로 재복이 모이는 건가? 월스트리트가 또

뉴욕 끝자락에 있으니까…. 허드슨강의 재복이 쌓이겠지.

그랜드 센트럴 기차역에서 허드슨 라인을 선택하고 끊으면 된다. 자판기에서 편하게, 쉽게 끊으면 된다. 허드슨 유역을 보거나, 종점에 잘 사는 집들 구경 하고 맛난 맥주집도 있다고 하는데 거기까지는 안 갔다. 그냥 허드슨강 변만 볼 예정이었다. 중간까지만 갔다가 그냥 둘러보지도 않고 바로 기차역에서 돌아올 예정이었다. 허드슨강 변으로 기찻길이 놓여 있어 강을 보며 가면 된다. 앉을 때 왼쪽으로 타면 된다.

종점까지는 1시간 반 정도 소요되니까, 나는 세 정거장 (급행 기준) 정도만 끊었다. 올 때는 모르고 완행을 탔다. 양키스 야구경기장을 지나간다. 나는 중간 기차역까지만 가고, 내려서 둘러보지도 않았다. 내리자마자 돌아가는 기차가 와서 바로 타고 돌아왔다.

타면서 바라본다. 이게 허드슨강이라는 데, 바다 같기도 하다. 우리 경춘선 지나가는 것이기도 하다. 양평에 백숙 먹으러 가는 느낌이라고나 할까. 아니면 민물과 바다와 만나는 곳이니까 장어집 가는 느낌일까. 덜컹거리는 창밖에 드넓은 허드슨강을 바라봤다. 어떤 느낌이 드냐면 혼자 가는 기차여행은 지겨울 뿐이었다. 사실 혼자 가는 여행에는 사색 그런 거 없다. 우연히 만난 인연, 불꽃 같은 만남…. 그런 거 없다. 수줍은 나에게는 말이다.

(기차에서 바라본 허드슨강)

나는 그저 무의미하게 기차만 탔었다. 정말 무의미할까? 그렇지 않다. 최고의 재즈를 들었기 때문이다. 좋았던 것은 그랜드 센트럴 역 문 앞에서 본 거리의 악사들이다. 뉴욕에서는 여기저기 재즈가 넘쳐 난다. 내가 뉴욕에서 들었던 재즈 중 단연 최고는 여기 그랜드 센트럴 문 앞이었다. 그들의 음악이 생각나서 하염없이 창밖을 바라보았다. 하염없이 창밖을 보고 내 머리엔 재즈 운율만 남았다. 그동안 지난날들. 번아웃된 현재 상황과 때려치운 후의 앞날에 대한 걱정도 올라왔었다. 지금은 머리가 텅 베어진 채 음악만 남았다. 그렇게 멍하니 강을 바라보았다.

바로 돌아와 기차에서 내렸다. 아까 그 거리의 악사들은 음악을 멈췄다. 길 건너편에 다른 팀이 공연 중이었다. 난 그쪽으로 가서 음악을 들었다. 그러다가 그 공연팀에 앞에 있는 레스토랑으로 들어갔다. 시원한 샴페인을 시켰다. 뉴욕에는 낮술 하는 바가 많다. 식사 대신 3시쯤에 해피아워 타임에 가면 좀 싸다. 오늘 공연은 부에나 비스타 소셜 클럽 풍으로 하는 재즈였다. 앉아서 음악도 듣고 샴페인도 한잔하니 기분이 좋아졌다.

다 때리치고 뉴욕

#09. (뉴욕 재즈) 행복을 위해 일하는 게 아닌, 행복하니까 일하는 것

다 때려치고 뉴욕으로

"행복하기 위해 일을 하는 것이 아니라, 행복하므로 일을 한다고 생각하라고
했다. 사이토 히토리라는 일본 부자의 말이다. 나는 무엇 때문에 일을 할까? 사실
나는 나의 일을 사랑했지만, 일은 왜 나를 싫어할까?"

뉴욕에서 재즈 바에 가려면 미리 예매해야 한다. jazz.org 또는 검색창에 NEWYORK
JAZZ만 검색하면 쉽게 예매할 수 있다. 입장료 외에 현장에서는 술 또는 음식을 어느 정도
사 먹어 주어야 한다. 그건 룰로 정해져 있다. 재즈바마다 다를 수 있으나 대략 식사와 술
한잔이면 1인당 50달러 정도 쓴다고 생각하면 마음이 편하다. 물론 입장료 제외한
금액이다.

66

나는 백 리를 걸어야 밥 한 끼 얻어먹는 삶일까? 너는 **하고 싶은 거 하니 행복
하니?**

오늘 동네 도서관에서 너무 잘 잤다. 역시 잠은 도서관, 학교, 회사이다. 잠깐
자면 꿀맛이다. 그냥 시간도 많고 집에서 자도 되는 데 도서관까지 가서 잔
이유가 있나 보다. 정신 차리고 도서관 밖을 보니 비가 내리고 있었다. 오늘
은 어디에도 안 나갔다. 집 앞에 걸어서 도서관만 갔다. 어제 자연사 박물관
가고 재즈공연장이 좀 피곤했나 싶었다.

어제 뉴욕에서 재즈공연은 처음 봤다.

보통 30달러 입장료 내고 가는 데, 인터넷으로 예약을 하고 가면 좋다. 그리
고 나는 사실 혼자 가니까 좀 걱정됐다. 무서운 골목길에 있는 곳 아닌가? 픽
사 애니메이션 〈소울〉에서 나오는 그런 재즈바 아닌가? 다행히 타임스퀘어

근처에도 재즈바가 있어서 그쪽으로 갔다. 너무 늦으면 곤란하니까 7시 30분
걸로 예약을 했다. 예약하는 방법은 그냥 뉴욕 재즈 검색해보면 된다. 온라인
으로 예매할 수 있다. 생각보다 많이 쉬웠다. 나이 50에도 하는 데 뭘….

예약하고 나서 뭐 큐알코드나 입장권이 있나 하고 메일을 열어보았는데, 그냥
등록된 거만 메일로 날아왔다. 뭐 입장권이 안 온 걸까? 하며 나는 조바심이
났다. 이거 어떻게 해야 하나. 영어로 또 물어보면 어케 하지…. 모르겠다. 그
냥 들어가자. 결국, 나의 이름, 즉 라스트 네임 H,Y,U,N을 확인하고 백신 접
종 확인서를 보여주고 들어갔다. (코로나 팬데믹 기간이었다.)

너무 좋은 시간을 보냈다. 혼자 화이트 와인 두 잔을 마셨다. 거기서는 20달
러 이상 시켜야 하는 게 룰이다. 대부분 식사를 하고 있었다. 어쨌든 재즈 음

악을 들으면서 음악과 관련된 말이 떠올랐다.

"하고 싶은 거 하니 행복하니?"

음악과 관련된 영화는 많지만 난 여기서 두 개의 영화가 떠올랐다. 임순례 감독의 〈와이키키 브라더스〉, 그리고 픽사의 〈소울〉이다. 와이키키 브라더스는 무명의 황정민, 류승범이 출연했던 영화이다. "하고 싶은 거 하니 행복하니"라는 대사는 밴드 하면서 생활이 쉽지 않기 때문에 나오는 대사이다.

픽사의 애니메이션 〈소울〉도 마찬가지이다. 주인공이 학교 선생 정규직 합격을 마다하고 어렵게 재즈바에 피아니스트가 되었다. 그토록 바라던 재즈바에 "합격"하고 첫 공연을 마치고 허무하게 느껴진다. 음악이 그냥 일로 다가온 것이다. 그러고는 영화가 끝나버린다. 주인공은 앞으로 어떤 선택을 할까? 주인공은 다시 학교 음악 선생으로 돌아갈까? 아니면 전국을 떠돌며 재즈 피아니스트가 될까? 당신의 선택은?

그렇다. 하고 싶은 거 하는 사람은 정말 행복한 사람이라고 생각한다. 그만큼 쉽지 않다. 내 인생의 사명을 찾는 것도 중요하지만, 먹고 살 일을 찾는 것도 인생에서 정말 중요한 일이다. 또한, 하고 싶은 거 하면서 돈을 버는 삶, 파이어족이나 경제적 자유를 이루어 직장을 그만둔 사람들 보면 대단하다고 생각한다. 그런 사람들은 유튜브 보면 천지다. 대단하다.

나 역시 백 리를 걸어야 겨우 밥 한 끼 얻어먹는 팔자인가? 그리고 많이 돌아다닌 것 같아도 겨우 치즈 한 조각일 뿐인 쥐띠 태생의 한계인가? 뭔가 열심히 한 것 같은데 결과는 다 쓰나미처럼 밀려가 버렸다. 하고 싶은 일을 하면서 행복한 거는 쉽지 않다고 생각한다. 다만, 내가 뉴욕을 가기로 마음을 먹으며 다짐한 것이 있다.

행복하게끔 일을 하는 것, 행복하지 않으면 일을 거절할 수 있는 용기를 가지는 것, 바른 일로 돈을 벌고 바른길로 가도록 매일 기도하는 것이다. 아니다. 다시 마음을 먹자. 행복하기 위해 살지 않는다. 행복하므로 사는 것이다.

〈뉴욕 재즈바의 바텐더…. 바쁘다. 무척〉

#10. (뉴욕 뮤지컬) 그 순간, 모두가 당신을 바라볼 때

다 때려치고 뉴욕으로

"한 번도 나 자신이 돋보인 적이 없다고 생각하기 때문이다. 그러나 그렇지
않다. 당신이 커피를 만들 때, 누군가 숨죽여 기다리며 지켜볼 수 있다.
당신이 꽃을 포장할 때, 너무나 이쁘게 싸느라 손님이 한동안 멈춰서 그것만
바라볼 수 있다. 선물 포장을 해 줄 때, 너무나 이쁘게 끈을 리본으로 만들어
묶을 때 신기하게 바라볼 수 있다."

뉴욕에는 다양한 뮤지컬을 볼 수 있다. 물론 편한 것은 인터넷으로 예매하면 된다.
사이트들은 많다. 그런데 그냥 불쑥 극장에 직접 가서 표를 사도 된다. 왜냐면 국내
인터넷은 인기작들만 있기 때문이다. 지나가도 그냥 극장에 문 열고 들어가면 표를 팔기도
한다. 아니면 타임스퀘어에 가면 있다. 높은 계단식 의자 뒤에 TKTS 티켓 부스를 찾아가면
된다. 정말 다양한 작품과 다양한 좌석이 준비되어 있다.

❝

**그 순간, 모두가 당신을 바라볼 때, 재능의 순간 또는 나의 정체성은 모두가
나를 집중할 때 나타난다.**

그때, 모두가 당신을 바라볼 때, 바로 그때, 모두가 당신을 바라보는 순간이
있다. 그게 당신의 정체성이다.

아주 오래전에 친구 아버님이 중환자실에 계실 때 이야기다. 이제 호흡기를
떼나 마나 결정할 때가 왔다. 20대였던 내 친구는 자신이 장남이라는 이유로
혼자 결정해야 한다고 했다. 주위에 나이 드신 친인척이 그렇게 많아도 오직
그만 숨죽여 바라봤다고 한다. 조용한 그 순간도 그의 정체성이다.
모두가 숨을 죽이고 나만 바라볼 때가 있다. 물론 그런 경우가 살면서 많지

않을 수 있다. 한 번도 나 자신이 돋보인 적이 없다고 생각하기 때문이다. 그러나 그렇지 않다. 당신이 커피를 만들 때, 누군가 숨죽여 기다리며 지켜볼 수 있다. 당신이 꽃을 포장할 때, 너무나 이쁘게 싸느라 손님이 한동안 멈춰서 그것만 바라볼 수 있다. 선물 포장을 해 줄 때, 너무나 이쁘게 끈을 리본으로 만들어 묶을 때 신기하게 바라볼 수 있다.

나는 지금은 흐리멍덩한 동태 눈깔이지만, 나도 빛나던 눈을 가진 적이 있었다고 한다.

답이 없는 새로운 문제가 터졌을 때, 새롭게 기획을 할 때, 무언가 새롭게 행사 프로그램을 시작할 때, 어려운 난관에 빠져 탈출해야 할 때, 그때 내가 큰 재스처를 쓰며 갑자기 설명할 때가 있다고 한다. 그때는 나의 눈동자가 짙고 까맣게 되고 빛나기 시작한다. 그리고 회사 동료들과 일을 잘했고, 재미있게 했기도 했다. 내 별명이 '행사 불패'네 까…. 내가 해서 망한 적이 없다.

"아,, 관공서도 이렇게 세련되게 할 수 있구나.."

그런 소리도 들었다. 20년 전에 행사 전체를 와인컬러 콘셉트로 했다. 그때는 현수막과 테이블은 모두 칙칙한 색깔이고 검은색 아니면 진한 파란색으로 했다. 튀는 색은 배제해야 했다. 그런데 그런 어두운 것을 걷어버렸다. 물론 요새는 젊어지고 해서 많은 행사가 다 세련되고 알차다. 대부분 관공서 행사가 재미있어지는 추세이기도 하다.

눈이 번쩍번쩍 빛나면서 모두가 나를 바라볼 때가 있었구나 하는 생각이 든다. 그것이 나의 정체성이고 그렇게 해야겠다는 생각이 들었다.

〈아래 왼쪽 사진은 티나 터너 뮤지컬 극장, 오른쪽은 무대, 공연 시작 전 모습〉

티나 터너 역시 그러지 않았을까? 그녀를 생각하며 〈티나 터너〉 뮤지컬을 예매했다.

티나 터너는 오래된 흑인 팝가수이다. 사자 머리에 샤우팅 하는, 크게 포효하는 가수이다. 그녀 역시, 어릴 적 큰 목소리로 교회에서 노래 부를 때부터 눈에 뜨이게 되었다. 그 재능으로 젊은 시절 클럽에서 노래 부를 때도 남달랐다고 한다. 그러나 그녀는 노래로 인기가 많았지만, 인생은 버림받음과 폭력의 연속이었다. 폭력적인 아버지와 남편 때문에 인생은 크게 출렁거린다. 노래 재능이 있어서 폭력적인 남편은 그녀를 버리지 않았고 오히려 옭아매었다. 그녀가 돈을 벌어오기 때문이다.

물론 이 뮤지컬은 런던에서 만들어졌다. 당연히 티나 터너는 나이 들어서, 런던의 음반제작사를 통해 재기하고 사랑도 얻는다는 이야기이다. 그 장면은 나도 기억난다. 어릴 적 그래미 어워드에서 가죽 치마에 사자 머리를 하고 포효하던 티나 터너를 본 기억이 난다. 그 강렬한 기억이 몇십 년이 지나서 뮤지컬에서 다시 보게 되었다.

뉴욕에서 뮤지컬을 볼 때는 예약하는 다양한 방법이 있다.

물론 편한 것은 인터넷으로 예매하면 된다. 사이트들은 많다. 그런데 그냥 불쑥 극장에 직접 가서 표를 사도 된다. 왜냐면 국내 인터넷은 인기작들만 있기 때문이다. 지나가도 그냥 극장에 문 열고 들어가면 표를 팔기도 한다. 아니면 타임스퀘어에 가면 있다. 높은 계단식 의자 뒤에 TKTS 부스를 찾아가면 된다. 나도 입장 2시간 전에 표를 사서 근처에서 와인 한잔하고 들어가서 봤다. 나는 영어를 잘 모르니까, 가장 좋은 것은 아는 내용으로 표를 예매하면 좋다. 당연히 그럼 알라딘이다. 나는 20세기 시절에 뉴욕에서 〈미녀와 야수〉를 보았다. 충격… 이거는 연극이 아니라 정말 엔터테인먼트이다. 나는 문화적 충격에 놀랐다. 〈티나 터너〉도 영어 대사를 하나도 못 알아듣기 때문에 일부러 내용을 찾아봤다. "더뮤지컬"이라는 사이트에서 내용 요약이 있어서 미리 숙지하고 봤다.

그리고 역시 뮤지컬도 그렇고 모든 공연장에 백인 할아버지들은 멋있다. 그들은 한여름에도 깔끔한 면바지에 멋진 여름 재킷을 입고 온다. 대부분 그렇다. 예술에 대한 자세가 됐다고나 할까. 혼자 반바지 입고 들어온 동양인 중년인 내가 좀 예의 바르지 않다고 느꼈다. 이건 형식이 아니라 문화예술을 대하는 자세라고 생각하고 반성했다.

#11. (뉴욕의 해피아워 즐기기) 오늘, 당신은 최고의 사람을 만난다.

다 때려치고 뉴욕으로
"우울하고 어둠 속에 있어도 마음과 눈빛만큼은 별처럼 빛나야 한다."

타임스퀘어 근처 〈티나 터너〉 뮤지컬 극장 바로 뒤편에 레스토랑에 들어갔다. 해피아워 타임이라 아주 싼 가격으로 시원한 화이트 와인과 치킨을 시켰다. 이곳은 뮤지컬 지망생들이 서빙도 하고, 서빙하면서 갑자기 뮤지컬 노래를 부르는 곳이다. 내가 간 곳은 캐주얼한 프리드먼 Friedmans 레스토랑이다.

"
내가 받은 행운은 남에게 돌려주어야 하는 것이 세상의 원칙이다.

코코 샤넬이 말했다. "오늘 당신 운명에 최고의 사람을 만날지 모른다."

이 말은 그래서 너 옷을 그따위로 입고 가면 안 돼. 늘 잘 입고 정돈된 얼굴로 다녀야지 그런 뜻인가 보다. 아니다. 귀인을 만나기 위해서 최선을 다하라는 것이다. 보육원 출신 코코 샤넬이 세계적 명품 브랜드 샤넬을 그냥 만들었겠는가.

그렇다. 인연은 어떻게 다가올지 모른다. 가만히 있는 데 도와주는 예도 있다. 앞서 인연에서 말했듯이 인연을 만들려고 스스로 움직여야 한다.

예전에 차범근 감독이 월드컵 축구 해설을 할 때다. 그 경기는 한국경기는 아니었다. 그런데 중계된 경기의 팀 선수들이 너무 설렁설렁하는 거였다. 예선 결과가 나왔기 때문이다. 그러나 차범근 감독은 화내며 말했다. 정확한 워딩은 아니지만, 뜻은 이랬다.

"저런 태도로 축구하면 안 됩니다. 지금 전 세계가 보는 월드컵인데요. 많은 스카우터들도 보는 경기입니다. 자기 인생이 바뀔 수 있는 경기인데 말입니다."

인연은 하늘이 만들어 준 경우도 있다. 물론 부모가 학교 다니게 하고 공부시키고 취업까지 알아봐 주고 집까지 사주는 경우도 있다. 정말 부모가 귀인이다. 평생 귀인이다. 그렇지 않고도 하늘이 만들어준 경우가 있다.

아프리카 나이지리아 학생이 영국으로 가는 비행기를 탔다. 장학금으로 유학을 가는 거였다, 그러나 아프리카의 가난한 학생은 앞으로 영국에서 살 일도 걱정이었다. 그때, 비행기 안에서 어떤 백만장자 백인을 만났고, 그는 아무런 조건 없이 그에게 장학금과 생활비를 주기로 약속했다. 그 이유는 단 하나이다.

"내가 받은 행운은 남에게 돌려주어야 하는 것이 세상의 원칙이다."

그 학생은 열심히 공부하게 되고, 부자가 돼서 다시 자신의 고향에 자신이 받은 행운을 돌려주었다는 이야기가 있다. 그런데 이 학생이 행운일까? 공부를 안 해도 되고, 동기부여도 안 되는 아프리카 출신의 청년, 그 학생은 공부를 열심히 했을 것이다. 그리고 새로운 세계를 나아가려고 미지의 세계에 도전했다. 그러므로 귀인을 만날 수 있다. 가만히 있으면 귀인이 알아보지 않는다.

물론 빛나는 별과 같은 존재는 귀인이 따라다닐 수 있다.

사막의 모래바람과 저녁의 찬바람, 부족한 식량으로 굶어 죽을 수 있는지도 모르는 상황, 젊은 여자가 길을 가다 마구간으로 들어가 아이를 낳았다. 유아 사망률이 높은 옛날에는 위험한 상황이다. 그때 별자리를 보고 중동의 상인, 지식인, 부호, 철학자인지 모르지만 동방 박사라는 이름의 사람들이 나타났다. 별빛이 너무나도 빛났기에 동방 박사가 스스로 찾아간 것이다.

그렇다. 당신의 천사 또는 귀인, 헬퍼, 도와주는 사람, 후견인, 대부…. 이름이 무엇이든 좋은 인연을 만나려고 최선을 다해야 한다. 그래야 도와준다. 우울하고 어둠 속에 있어도 마음과 눈빛만큼은 별처럼 빛나야 한다.

오늘은 흥미로운 레스토랑에 갔다. 서빙하는 분들이 모두 다 최선을 다하는 곳이다. 오페라의 유령 극장 지나서 티나 터너 뮤지컬을 보려고 기다리던 참이었다. 시간이 남아서 티나 터너 극장 바로 뒤편에 레스토랑에 들어갔다. 해피아워 타임이라 시원한 화이트 와인과 치킨을 시켰다. 코리아 바비큐 치킨이라…. 치킨이라 짜서 와인을 다 마시고 맥주 한 잔 더 시키긴 했다.

넓은 레스토랑인데 서빙하시는 분이 마이크로 뮤지컬 노래를 부르고 있다. 잊을 만하면 어떤 여성분도 부르고 남성분도 노래를 부른다. 노래가 끝나면 다시 서빙을 한다. 여기가 뮤지컬 극장이 많아서 그런지 열심히 한다. 누가 아

　　　　　　　　　　　　　　　　다 때리치고 뉴욕

나…. 뮤지컬 프로듀서가 여기서 식사하다가 눈에 뜨일지 모르기 때문이다. 정말 노래 열심히 하고 신나서 부른다. 오히려 감동이었다. 인연은 어떻게 만나고 귀인은 어디서 올지 모르니 최선을 다하는 모습이었다.

난 브런치를 쓰면 좋은 귀인을 만날 거라는 마음으로 오늘도 이렇게 글을 써본다. 참고로 타임스퀘어 광장에 가까운 곳에 에디슨 호텔이 있다. 근처에 뮤지컬 극장이 많다. 이 호텔 건물에 훌륭한 레스토랑이 있다. 딱 보면 분위기 알겠다. 내가 간 곳은 캐주얼한 프리드먼 Friedmans 레스토랑이다. 좀 더 고급스러우려면 같은 건물 반대쪽에 Edison Balroom에 가면 된다.

#12. (뉴욕 한인센터) 어리버리, 우왕좌왕 그래도 모든 것이 해결된다.

다 때려치고 뉴욕으로

"모든 걸 까먹고 어리버리할 수 있어. 괜찮아. 그건 네가 잠시 집중을 못 할 뿐이야. 그래서 까먹거나…. 잊어버리고, 물건도 잃어버리고 그래도 괜찮아. 너의 뇌가 까먹고 어리버리해도 되니까 그러는 거야. 상황이 그러니까. 다시 집중하고 몰입이 필요할 때는 다른 네가 될 거야. 너의 무대가 펼쳐지면 다시 집중할 거야. 자연스레 그렇게 돼."

뉴욕 한인센터에서는 다양한 강좌와 상담이 진행되고 있다. 그리고 그곳에 코로나검사도 진행되고 있다. 지금은 괜찮지만, 코로나 팬데믹 기간에는 코로나검사 공식기관이기도 했다. 출국과 입국을 위해서는 코로나 검사증이 필요하기 때문이다.

❝

당신은 괜찮아. 바보같은 나도 사는 데 뭘

네가, 스스로를 바보 같다고 생각하지 마.

…

나도 바보같이 사는 데 뭘…. 뭘 할지도 잘 모르겠고…그래도 넌 잘 살아왔다고 생각해. 넌 나같이 바보가 아니니까 괜찮아. 더 잘 살 거야.

익숙한 것도 잠시 우울증과 번아웃으로 모든 것을 잊어버릴 수 있어. 그건 바보가 아니라 뇌도 쉬어야 한다는 뜻일 거야.

나 역시 어리버리하다는 말 자주 듣지만, 매우 정밀하고 샤프하다는 말도 자주 들어. 극과 극이지. 사람마다 쓰임새가 다르므로 상황마다 극도로 어리버리하거나 극도로 디테일하거나 그래….

걱정하지 마. 나 같은 바보도 살아.

자 봐봐. 코로나 키트 예를 들면 말이야. 지금은 물론 코로나 유행이 끝나서 해외 입출국이 자유롭지. 불과 얼마 전까지만 해도 코로나검사를 받았다는 증서와 코로나 예방주사 맞은 인증서를 갖고 다녀야 했지.

코로나 키트 한 줄이라면 음성이야. 코로나검사인 PCR 검사는 negative라고 나와. 그 뜻은 음성 또는 네거티브는 코로나가 안 걸렸다는 뜻이야.

근데 난….

근데 왜 반대로 알았을까? 혼자 걸린 줄 알고 절망에 늪에 빠졌어. 안 걸렸는데 걸린 줄 안 거야.

난 코로나 팬데믹 기간에는 코로나 확진 결과 이후 최소 2주일 있어야 출국할 수 있었어. 또한, 관광이든 여행이든 어디든 방문을 하지도 못해. 확진일 경우 말이다.
그때는 출국이든 입국이든 코로나 PCR 검사지를 제출해야 하기도 했거든. 그래서 코로나검사는 중요한 일이야. (PCR 검사 :유전자검사(PCR) 검체내에 포함된 코로나 19 바이러스의 특정 유전자를 증폭(PCR)하여, 바이러스가 존재하는지를 판단하는 검사 방법으로서 소량의 바이러스도 확인 가능, 출처 : 한국 질병 관리청)

난 코로나 키트를 잘 알았어. 사실 코로나 팬데믹 초기부터 "코로나 대응 안전책임자" 역할을 맡아서 잘 알았어.

(진지한 모드로) 내가 디지털센터관리 업무를 맡자마자 코로나가 터졌다. 난 코로나 제로로 공공 개방형 시설을 관리하며 코로나 제로, 안전관리 최우선으로 경영했다. 센터 내에서 코로나검사 자주 했고, 코로나 키트 제약회사 셀트

리온과 전달식도 가졌다. 나 역시 행사장에서 키트 검사를 제약회사에 직접 배웠다. 그리고 협력업체에 나눠주고 검사 방법을 알려주는 행사를 했다. 결국, 시설관리가 그동안 적자운영인데, 코로나 시즌에 오히려 역대 최초 흑자로 돌아섰다.

…

그런데 지금 모든 걸 까먹었어. 모든 걸 잊어먹었다. 키트 사용법도 잊었고, 결과를 확인하는 방법도 까먹었어.

내가 뉴욕에서 코로나 자가 키트로 줄 한 줄이 나오는 것을 보고, 난 반대로 알고 절망과 고뇌의 늪에 빠졌지. 그리고 다시 한인센터 가서 코로나검사를 다시 했다. PCR 검사로 백딸라 썼다. 검사결과 네거티브가 나왔거든⋯. 네거티브는 부정적이라는 뜻⋯. 아 정말 걸렸다고 비탄에 빠졌어. 마치 불치병에 걸린 것처럼 가슴 아팠고, 신병이 난 것처럼 운명을 받아들이기 싫었어.

그러나 한참 후에 알았어. 모든 게 반대였던 거야. 난 코로나에 걸리지 않은 것이지. 결국, 나중에 입국할 때 제출용으로 PCR 검사 또 해야 했지. 출국 전 48시간 안에 검사한 게 유용했으니. 또 백 달러 써야 하네⋯. 바보 같으니 돈이 나가는구나⋯.

다행히 지금은 코로나와 상관없이 자유롭게 입출국할 수 있어.

참고로 한인센터에서는 백 달러. 맨해튼 시내에서는 50달러 달라고 했다. 그러나 만약 검사지가 오지 않거나 이름이 틀릴 수 있다. (이름이 여권 이름과 같아야 한다) 그러려면 한국어로 수정사항을 이야기할 수도 있어서 편하게 한인 봉사센터에 가서 했다. 친절하게 또 대해주었다. 베이사이드 역 근처에 있나⋯. 여기도 멀다⋯. 여행에서는 안전비용을 지출하는 게 훨씬 좋지 뭐.

#13. (뉴욕여행 경비) 산다는 것은 지출한다는 뜻이야.

다 때려치고 뉴욕으로

"움직이면 돈이야. 집에 가만히 있으면 지출이 생기지 않지. 그러니 집에 가만히 있는 게 돈을 모으는 데 좋을 거야. 그러나 아무것도 하지 않으면 아무것도 생기지 않아. 돈을 쓰면 또 돈이 돌겠지. 내게 "

2022년, 코로나 말기 시대…. 그때부터 인플레이션이 세계적으로 시작되었다. 보통 뭐 하나 하려면 뉴욕에서는 25딸라 정도 생각하면 된다. 뭘 하든 25딸라±5 정도 생각하면 된다. 팁은 그냥 20%라고 암기해라. 옛날에 10%였는 데, 1딸라면 됐는데 라는 생각 버릴 것

66

숨 쉬어봐. 기본 25딸라씩 지출돼

세계 제일 도시 뉴욕, 당연히 물가가 엄청나다. 여행 계획 세울 때, 그런 점을 감안해야 한다. 돈 없는 여행객이지만 그래도 뉴욕까지 왔을 터이니 쓸데는 써야지. 산다는 것은 자본주의 사회에서 지출한다는 뜻이야. 삶의 욕망이 강해지는 것은 지출에 대한 욕망도 크다는 뜻이니까.

관광지 방문이나 무언가를 먹을 때, 기준은 25딸라이다. 여기서 +,-5이다. 즉 20에서 30딸라다. 무슨 말이냐. 숨만 쉬어도 25딸라 나간다. 대부분 박물관 미술관 비용이 25딸라이다. 1인 기준이다. 그리고 뭘 하고 싶다. 그러면 관광의 감동과 유명세에 따라 25딸라 x2, 또는 25딸라 x3 정도 된다. 즉 뭘 하든 50달러 또는 75달러 정도 된다. 물론 1인 기준이다.

재즈 바의 경우 입장료 30딸라 한다. 단 부가세 별도다. 재즈 바에서는 최소 20달러 이상 술을 마셔야 한다. 그게 조건이다. 그래서 25딸라의 두 배 50

딸라는 나간다. 1인 기준이다.

둘이 길에서 스트릿 푸드로 쪼그만 핫도그와 콜라 사 먹어도 25딸라 나간다. 2인 기준이다. 혼자 앉아서 케이크 한 조각 커피 한잔 마시면 20딸라 한다. 1인 기준이다. 간단한 싸구려 중국 태국 식당 가서 단품만 먹어도 20딸라이다. 1인 기준이다. 왜냐면 한 11~12딸라 되나 해도 세금 붙고 봉사료 팁 붙으면 눈덩이처럼 불어난다. 뉴욕은 20% 정도가 팁이다. 정확히는 18 ~22% 정도이다.

제대로 앉아서 파스타 정도 먹는다. 음료나 와인도 한잔하고 말이다. 그럼 1인 기준 25딸라이다. 그러나 중요한 게 있다. 머릿속은 파스타만 생각해서 25딸라겠지…. 뭐 대충 생각한다. 그런데 나중에 지불할 땐 거의 50 딸라이다. 1인 기준이다. 계산은 그렇다. 파스타 대신 스테이크면 당연히 올라간다.

뮤지컬은 120달러 내외이다. 난 100달러 이하 뮤지컬을 보았다. 극장 안에도 매표소가 있고 타임스퀘어에도 매표소 있다. 자리를 잘 물어보면 된다.

팁은 18%, 20%, 22% 정도 된다. 팁 20%는 그냥 줘야 한다라고 암기하는 게 정신 건강에 좋다.

낮에 간식으로 핫도그 먹는 것도 좋은 데, 차라리 해피아워를 잘 이용해서 와인이나 맥주 한잔하면서 피로를 푸는 것도 좋다. 앉아서 먹으면 한국 사람은 한 잔은 그냥 확 마신다. 그러니 두 잔이 기본이다. 그럼 또 25딸라…. 1인 기준이다. 여전히 환율이 오르고 있다. 걱정

#14. (뉴욕에서 요가 하기) 몸을 드러내는 건, 마음을 드러내는 것

다 때려치고 뉴욕으로

"초중고 다니면서, 난 음악 시간에 혼자 노래를 불러본 적이 없어. 너무 떨려서….
음악성적은 내내 밑바닥이었지. 악기는 하나도 못 다루고, 노래나 발표도 못
했다. 그런 내가 어떻게 대학 때 많은 사람 앞에서 말을 하고, 연극을 하고,
나중에 음악다큐멘터리를 만들었을까. 모두 다 숨은 잠재력이 있는 데 사용하지
않았기 때문 아닐까?"

뉴욕 한가운데 있는 공원 이름이 Bryant park이다. 홈페이지 bryantpark.org에서는
다양한 이벤트가 진행되는 데, 흥미로운 행사에 참여할 수 있다. 요가 강의는 무료로 할 수
있다.

❝
자꾸만 나보다 남의 시선이 중요하다 하면, 나는 없어진다.

"퀴즈에 참여할 사람!! 경품 많아요!!"

그러면 모두 저요! 저요! 손을 든다. 회사 워크숍이나 MT 가면 흔히 볼 수
있다. 그럼 참여하고 싶은 사람은 손을 든다. 그리고 앞으로 살짝 기울면서
적극적인 의사표시를 한다. 이렇게 자신의 마음을 드러내는 것은 몸을 드러내
보이는 것이다. 몸의 움직임은 마음의 결정이다. 물론, 나는 한 번도 손을 든
적이 없다. 회사에서,

그건 아마 회사에서는 늘 내가 숨고 싶었거나 나를 숨기고 싶어서 그럴 수
있지 않았나 싶다. 발표력도 없는 게 아닌데 말이다.
그나저나 잠깐 다른 이야기를 해볼까?

첫째. 왜 호텔 실내수영장에서 래시가드 수영복을 입고 있는 거야? 긴 팔과 레깅스를 왜 입는 거? 햇빛도 들지 않는 데 말이다.

둘째. 왜 호텔 실내수영장에서 비키니 입고 화장을 진하게 하는 거야? 실내수영장에서 화장품이 녹으면 화학약품이 녹는 건데….

다들 답은 알고 있을 것이다.

첫째로는 남에게 나의 몸을 보여주고 싶지 않아서 그럴 수 있다. 그러나 실내이든 바닷가이든 수영복만 입고 있으면 차가운 물이 몸에 닿는 게 얼마나 좋은지 알 수 있다.

두 번째로는 남에게 나의 몸을 보여주고 싶어서다. 인스타그램 용 사진 촬영을 위한 것이다. 진한 화장과 돋보이는 가슴골로 해서 잘 찍는 것이다. 몇 번 여러 방향에서 사진 촬영하고 사라진다. 당연히 수영은 절대 안 하고 얼굴을 물에 묻히지 않는다. 실내 수질오염 방지에 협조한다. 물론 나는 인스타도 일이니까 존중해야 한다고 생각한다.

그런데 이게 몸을 드러내는 것일까? 아니다. 모두 숨기는 것이다. 모두 수영장에서 "내가 수영을 즐기면 그뿐"이라는 마음은 없다. 첫째도 둘째도 남의 시선이 먼저이다.

나보다 남의 시선이 중요하고, 나는 없다.

내가 수영을 즐기는 게 중요하지 않다. 남이 먼저다. 진정히 나의 몸을 드러내지 않는 것이다. 인스타 촬영도 수영을 위한 내 몸을 드러내기보다는 남에게 보여주는 것이 먼저다.

　　　　　　　　　　　　　　　　　　　　　　　다 때려치고 뉴욕

수영을 위해서라면 화장을 진하게 할 리 없다. 나도 처음에는 당황스러워서 호텔 직원에게 이야기할 뻔했다. 저 여자 화장 지우고 들어오라고…. 말 안 하기 잘 했다. 촌스러운 아저씨 꼰대 될 뻔.

나는 뉴욕에 오기 전부터 요가를 시작했다.

내가 허리가 너무 아프고 고관절, 목뼈가 아팠을 때 요가를 시작했다. 모두가 말렸다. 모두들 반응은 그랬다.

　　　"남자가 아줌마 요가복 입는 사이에 있으면 민망하지 않아?"

이 질문 역시 남의 시선이 먼저이다. 민망함이다. 요가복 입고 다리 벌리고 있는 것을 어떻게 쳐다보냐는 것이었다. 나는 남자 선생님에게 하타요가를 배웠는데, 해봐라. 아주 기합받는 자세여서 남 신경도 못 쓴다. 땀이 뚝뚝 떨어지고 힘들어서 남 쳐다보는 것도 힘들다. 오로지 내 몸과 내 마음에 집중할 뿐. (나주에서 고양이와 함께 사는 하타요가 선생님을 찾아보세요. 강추!!)

지금 나는 뉴욕이다.

모두가 레깅스 입고 잘 돌아다니고 있다. 한국도 요가복 입고 외출복으로 잘 다니고 있다. 등산도 하는 데 뭐. 요가복을 입고 다니는 것은 여성이 이제 드러내도 된다는 시대가 왔다는 것이다. 한국이 등산복 메이커가 많아도 치킨집처럼 새로운 브랜드가 나오는 것처럼, 요가복도 그럴 것 같다는 생각을 했다.

왜 룰루레몬이 잘 되는지 보니까 알겠다. 특히 나이키 소호점에 갔을 때도 요가복이 한 층을 차지한다. 마네킹 자신감을 불러일으키게 체형이 큰 몸을 기준으로 전시했다.

이제 내가 드러낼 때가 된 것 같은 시대이다. 그리고 몸과 더불어 마음을 채우는 시간이 필요한 시대이다. 지금 시대는 바람의 시대이다. 홀쩍 떠다니는 가벼운 몸을 가져도 되지만 진중한 마음과 철학이 필요한 시대이다.

뉴욕에는 공원이 많다. 구역마다 작은 공원이 많은 데, 뉴욕의 공공도서관을 지나가다 공원에서 대규모 공개 요가강좌를 하는 것을 보았다. 공원 이름이 Bryant park인데 등록은 bryantpark.org에서 할 수 있다. 무료이다.

그리고 내가 머무르는 동네에도 요가 프로그램이 야외에 있다. 모두가 해보는 게 좋을 것 같다. 그래서 나도 브라이언트 파크에서 하는 요가 프로그램을 찾아보았다. 다음 주 요가강좌를 등록했다,
예전에 에어비앤비로 동경에서 하루 요가 프로그램에 참여한 적이 있는 데,

다 때리치고 뉴욕

여기서는 이렇게 하면 좋을 것 같다. 뉴욕에서 요가를 하고 나니 재미있었고 신선했다.

바람의 시대. 몸은 가볍게 마음은 진중하게,, 하고 싶은 게 있고 말하고 싶으면 몸을 드러내라. 내가 회사의 이벤트행사에도 한번도 손을 들어본 적이 없었던 것처럼 하지 말고…

몸을 움직여야 한다. 손짓 발짓 몸짓 모든 커뮤니케이션 채널을 통해서라도 움직여야 한다. 그렇게 해서 자기 생각과 마음을 표현해야 한다. 머릿속에서, 눈동자만 굴리고, 입술을 닫는다는 것은 생각하지 않는 것과 같다.

#15. (뉴욕 드라이 에이징 스테이크) 담백하게 나이 드는 법

다 때려치고 뉴욕으로

" 드라이 에이징을 한 티본 스테이크를 샀어. 드라이 에이징이라...그런데 사람이 드라이하게 담백하게 나이 든다는 것은 무얼까? 나이 든다고 달라진 게 있을까? 어릴 때나가 자라서 내가 됐을 뿐이니까. 경력은 고집을 만들고 경험은 아집을 만드는 게 아닐까? 경력과 경험이 많을수록 더 경청하고 더 배우고 더 호기심 어린 눈으로 세상을 바라봐야 할 텐데 "

청담동에 있는 볼프강 스테이크 하우스는 뉴욕 시내 뉴욕타임스, 뉴욕 버스터미널 건너편에 있다. 그리고 첼시 마켓 쪽에 가면 스테이크 하우스도 엄청 많다.

66

내가 담백하게 나이 들었다면 무작정 때리치고 뉴욕으로 오지도 않았을 것 같다. 난 아직 모른다.

TV쇼 〈백종원의 길거리 음식 파이터〉에서 뉴욕 편에 백종원 씨가 스테이크를 먹으러 간다. 예전 도축장 근처였던 첼시 마켓 쪽으로 가는 장면이 연출된다. 구글 본사 근처가 바로 첼시 마켓이다. 그 근처에 스테이크 하우스들이 많다. 오래된 전통의 식당이 있고, 새로 생긴 깔끔한 데이트 코스용 스테이크 하우스도 있다. 딱 봐도 아무 데나 가도 다 맛집일 거 같다. 돈 만 준비하면 된다. 이런 말이 있잖아. 어떻게 소고기를 이기겠어. 그리고 우리말에는 이런 말이 있다.

"다음에 밥 먹자. 칼질 한번 하자."

이 말은 스테이크를 먹는다는 은유이고, 스테이크라는 음식보다는 다른 뜻이 있다.

"내가 한번 거하게 쏠게"

하지만 뉴욕에서 난 스테이크 하우스에서는 비쌀 것 같아 못 갔다. 돈도 돈이 지만, 혼자 앉아서 와인하고 스테이크를 즐길 기분도 아니다. 데이트할 때 먹어야 맛있지.

그러다가 뉴욕 시내 공원, 요가를 했던 브라이언 파크 앞에 홀푸드 마트를 들렀다. 그곳에 정육점이 있는 데, 드라이에이징 티본 스테이크를 팔고 있었다. 23 딸라… 마법의 25딸라 근처의 가격이다. 23딸라면 훌륭하다. 물론 부가세 별도다. 그러면 25딸라가 넘는다.

티본 스테이크라… 어릴 적 〈톰과 제리〉에서 봤던 그 티본 스테이크이다. 어릴 적, 톰과 제리에서 가끔 등장하는 불도그가 나올 때, 티본 스테이크가 나온다. 불도그의 시선을 돌리거나 유혹할 때 나온다, 나는 티본 스테이크를 그저 만화로만 알고 있었다. (불독이라는 표현 아냐? 맞춤법에는 불도그라고 하네)

보기만 해도 맛있어 보였다. 티본 스테이크를 냉큼 하나 달라고 했다. 참고로 홀푸드에서는 비닐봉지를 쓰지 않는다. 비닐이 아예 없다. 스테이크 고기도 종이에 싸서 준다. 드라이에이징이라 물이 그나마 적지, 다른 것은 피 뚝뚝 떨어진다. 그리고 진공 포장된 스테이크도 2개 샀다… 억 결과적으로 이건 "햄버거 패티용, 완자 때 쓰는 간고기"이다. 스테이크에 눈이 멀어 '그라인드 비프'라고 쓴 것을 못 봤다. 어쩐지 싸더라.

어쨌든 드라이에이징을 종이에 포장해서 집에 가는 길은 너무나 흥겨웠다. 기대됐다. 한국에서 살려면 비쌌는데 잘 됐다. 나이가 들어서야 이제야 드라이에이징 티본 스테이크를 먹어보는구나. 우린 너무 늦게 만났다. 뉴욕에서 드디어 널 보다니….

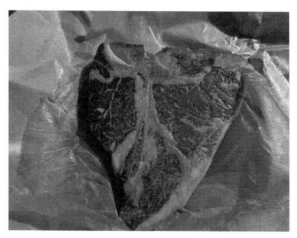

티본 스테이크는 담백하고 부드러운 안심과 기름지면서도 쫄깃한 채끝(등심 부분)이 뼈 사이를 두고 같이 붙어 있다. 그러니 다양한 고기 맛을 먹는 게 특징이다. 그래서 안심과 등심을 다르게 굽듯이, 티본 스테이크는 안심과 채끝-등심 고유의 맛을 살리기 위해 각각 다르게 재빠르게 구워야 한단다. 그래서 고급 기술이 들어간다고 한다.

한국은 사실 역사적으로 기후적으로 드라이에이징은 힘들다. 요새야 냉장고가 있으니까 집에서 할 수 있다고 한다. 최소 4주 정도 냉장고에 숙성하면 되니까. 한국은 여름에는 습하고 고온지역이고 겨울은 너무 추워서 제대로 숙성을 하기 힘들다. 말리기도 쉽지 않다. 그래서 고려 시대부터 소를 120여 부위로 발골하여 제대로 먹던 한민족도 사실 드라이에이징의 역사는 최근이라고 할 수 있다.

그리고 발골이나 칼질, 도축은 북쪽 출신인 여진족, 거란족 출신들이 주로 했

다 때리치고 뉴욕

을 것이다. 그들이 우유로 죽을 쑤어 타락죽도 만들어 궁에 바쳤다고 하니까. 조선으로 귀화해서 가축도 키우다가 아르바이트로 백정도 하면서 사는 것이고…. 섞여서 사는 게 아니라 원래 우리는 그쪽 출신이 맞다. 오랑캐로서 자랑스럽지. 뭐. 좀 '오바'이긴 한데, 삼겹살을 회식할 때 나눠먹는 것은 기마민족의 DNA가 남아 있다고 하는 말도 들었고 말이다.

그나저나 스테이크를 또 먹고 싶은 생각에, 글을 쓰면서도 드라이에이징에 라임과 뜻이 맞는 '담백하게 나이 드는 법'을 쓰려고 했다. 뭔가 사색적이고 있어 보이게 말이다. 그러나 지금 글도 온통 소고기의 설렘이다.

사실 나는 담백하게 나이 드는 법은 사실 모른다. 다만 나이 들어도 드라이에이징 스테이크를 사 들고 가는 것은 설렌다는 사실을 알았다. 나이 들어 담백하게 사는 법에 대한 정보를 알려고 나의 글을 보는 사람은 낚였나. 죄송합니다… 사실 모릅니다. 내가 담백하게 나이 들면 무작정 때리치고 뉴욕으로 오지도 않았을 것 같다. 난 아직 모른다.

난 그전 드라이에이징 스테이크를 들고 집으로 돌아갈 때
톰과 제리를 보았던
어릴 적 시절로 돌아가는 기분뿐이다.
아…. 설렌다.

(드라이에이징에 대한 정보는 매거진 에스콰이어의 박세회 기고문(2021.11.)에서 참조했다.)

#16. (뉴욕 첼시 마켓의 굴) 굴과 자아에 대한 연구보고서

다 때려치고 뉴욕으로
" 대부분 연구결과나 사회과학 개념설명은 당연한데 당연하지 않은 그것처럼
정리해둔다. 네이버 백과사전이나 단어검색을 해보면 그런 느낌을 가질 것이다.
하지만 중요한 것은 개념설명을 객관적이고 보편적으로 했냐는 것이다. 자아도
마찬가지이다. 나는 나인 것 같지만 나를 설명하려고 하면 참 어렵다.
객관적이지도 보편적으로 나를 설명하는 것은 참 어렵다. 그러니 생각보다는 글로
한번 써보면 좋다. 내가 누구인지."

소고기 스테이크를 판다는 첼시, 거기에는 구글 본사도 있고 근처에 작은 갤러리들도 많다.
이름이 Cull & Pistol이란 식당에서 굴 한 접시 시켜놓고 와인 한잔해도 좋다. 물론
한국에서 대짜로 시켜놓고 소주 한 잔 먹는 게 푸짐하겠지만 그래도 여긴 뉴욕 아닌가?

❝
굴에 대한 연구결과 한국의 굴이 전 세계에서 제일 맛있다.

한국의 굴이 사실 전 세계에서 제일 맛있습니다.

지금은 우리도 맛있는 굴을 먹지만, 예전에는 크고 맛있는 굴은 전량 세계 경
제 대국 2위 일본으로 수출하였습니다. 저는 20세기 때 굴 관련 프로그램을
제작했는데, 그때 이렇게 맛있는 통영 굴을 처음 먹어본 거였습니다. 이렇게
큰 굴이 있었나 했는데, 역시 전량 일본 수출용이라고 했습니다.

한국의 굴은 현재 수산식품 수출액 기준 4위입니다. 그리고 생산량은 중국 1
위, 한국이 2위입니다. 2000년대 들어서 중국이 굴 양식을 해서 중국이 생산
량 1위입니다. 그러니 국가 면적 대비 한국이 1위 생산량입니다. 20세기 때

는 한국이 1위였습니다. 한국 굴 수출금액도 2020년 기준 약 933억 정도나 됩니다. 어마어마합니다. 굴은 우리나라 주요 수출 품목으로 2020년 7,148만 달러를 기록하였다고 합니다. (출처:해양수산 해외산업 포털)

우리 굴은 하얗고 통통하고 뽀얗고 이쁩니다.

반면에 외국의 굴은 약간 첫인상은 조개 색깔이 나는 넓적하고 얇은 이미지입니다. 맛도 첫맛은 조개 같은 데 굴 맛이 나긴 납니다.

홍콩 뒷골목 세련된 수산 집에도 굴 하나 시켜놓고 맥주나 와인 한잔하고 갈 수 있습니다. 프랑스 깐느에도 바닷가 앞에 굴 집이 있습니다. 쪄먹기도 하고 날 거로 먹습니다. 깐느 해변가 앞 굴집은 워낙 유명해서 사람이 많습니다. 뉴욕도 바닷가라 굴이 있습니다. 저는 비린내만 맡아도 심장이 떨릴 정도로 수산물을 좋아하기 때문에 한번 가봤습니다. 굴을 파는 곳, 바로 첼시 마켓입니다.

앞서 구글 본사나 갤러리, 스테이크를 소개할 때 나왔던 그 첼시 마켓입니다. 첼시 마켓 안에는 다양한 식당이 있습니다. 정말 많아서 골라서 먹으면 됩니다. 피자가게부터 스테이크, 햄버거, 랍스터 가게 없는 게 없습니다.

지하에는 이탈리아 식료품점이 있습니다. 또 저는 눈 돌아갔습니다. 거기에는 치즈, 파스타, 숙성시킨 고기, 소시지 등등 많이 팔고 있습니다. 그리고 옷

가게도 있고요. 또 볼만한 게 잡화점입니다. 먹는 거부터 생활용품, 옷도 파는 잡화점이 있습니다.

옷과 구두를 싸게 파는 샵도 있습니다. 저는 거기서 Sandro 구두를 하나 샀습니다. 가격이 싸서 그냥 신어보자마자 대충 맞는 거 같아 바로 샀습니다. 디자인이 독특해서 사기로 결제했습니다.

첼시 마켓 바깥쪽으로 식당이 많은 데요. 안쪽으로 들어오면 굴을 파는 곳이 있습니다. 바로 그 옆집에도 굴과 랍스터를 팔고, 더 크고 깨끗합니다. 저는 좀 작고 아담한 맛이 있어서 들어갔습니다.

이름이 Cull & Pistol이었습니다. 시큐리어티한테 쿨 앤드 피스톨이 어딨냐고 하니까 못 알아듣더라고요. 그래서 나 스스로 어색하지만, 혀를 좀 꼬고 악센

다 때려치고 뉴욕

트를 줘서 말했더니 알아듣더군요. 자기가 못 알아 들어서 미안하다면서 친절히 알려주었습니다. 첼시마켓 건물 안으로 주욱 들어가서 작은 분수대같은 곳까지 가야 한다고 알려주었습니다. 들어가서 굴과 화이트 와인을 시켰습니다. 그리고 간단한 애피타이저를 추천해달라고 직원에게 말했습니다. 오…. 살짝 익힌 굴에 치즈하고 뭐 얹어서 나온 것도 훌륭했습니다. 역시 물어보길 잘했습니다.

이번 글은 이렇게 끝내야지…. "오늘 굴을 먹었다. 참 맛있었다."

그렇다 이게 나의 자아이지. 나의 자아가 별개 있겠나. 맛있는 거 먹으면 행복한 거지

(요 첼시 마켓 안에 굴 집이 있다. 구글은 이 건물 건너편에 있다)

#17. (뉴욕 첼시, 구글 본사) 나의 꿈을 모두가 처음에는 얕보고 비웃었지

다 때려치고 뉴욕으로

"대학원 시절, 초기 단계의 유튜브와 구글 자율주행이라는 게 나왔다. 이것을
보고는 연구실에서 한계점을 토론했다. 얘네들 뭐로 돈을 버나…. 화질도
콘텐츠도 너무나 후진 유튜브에 대해서도 분석했다. 다 쓸데없는 걱정이었다.
지금 생각해보면…. 우리는 구글, 그들의 꿈과 비전을 모르고 비웃었다."

구글 매장은 볼거리와 먹거리가 많은 첼시 마켓 건너편에 있다. 첼시 마켓은 펜스테이션
기준으로 어퍼UPPER방향으로 가면 된다…. 그니까 저 위로 지하철 2 정거장 정도 가면
된다. 바닷가 쪽에 있다.

❝

사실 앞날에 의지와 목표가 뚜렷한 사람은, 다른 사람이 볼 때 그의 미래를
바라보기 힘들다.

왜 핸드폰이 이렇게 뜨겁지?

날씨가 더운 것도 있지만… 가방 속에 핸드폰이 뜨거웠다. 아이폰이 이거 터
지려나…. 가방 안에는 보조 배터리를 갖고 다녔다. 여행 중에는 핸드폰이 멈
춘다면 사실 멘붕이 오기 때문이다. 그런데 그때야 나는 어떤 사실을 알았다.

보조 배터리에 겨울 손난로 기능도 있다는 것을…. 기계치인 나는 이게 분명
끄는 것이 있을 텐데 잘 몰라서 후끈거리는 배터리를 들고 여름 내내 들고
다녔다.

아… 난 왜 그런 걸까? 다른 보조 배터리도 있는 데 꼭 이걸 들고 다녀서….

아이폰 이용자는 정 급하면 뉴욕 시내에는 애플 매장이 많이 있으니까 들어가서 쉴 겸 거기서 충전하면 된다, 어쨌든 여행길에는 핸드폰이 필수이고, 충전기와 보조 배터리가 필수이다. 기차표와 차표, 입장권 등이 요새는 모바일 안에 들어가 있기 때문이다.

뉴욕의 기차만 해도 모바일용 QR코드도 돼 있다. 물론 동시에 직원이 운행 중에 기차 칸을 돌아다니며 표를 검수한다. 옛날 청량리 열차에서 그렇듯이 말이다. 뉴욕 기차 안에서는 즉석에서 신용카드로 표를 구매할 수도 있다. 첨단과 올드함이 함께 공존하고 있다. 이런 건 좀 배웠으면 한다. 그래야 고용 창출도 되고 사람도 쓰고 말이다. 아… KTX나 SRT도 그렇게 하는구나.

예전에 여행할 땐, 큰 지도를 펼쳐서 여기 몇몇 Street인지 애비뉴인지를 파악하고 걷는다. 물론 지도를 보면서 반대로 걷는 게 태반이었다.

그러나 지금은 구글맵을 쓴다. 구글의 화살표가 나의 진로 방향에 대해서 알려주니까 초행길에 헤매지 않고 갈 수 있다. 그리고 주변에 식당도 다 알려준다. 버스가 언제 오고 지하철이 언제 오는지 알 수 있다.

- 그래서 구글 덕분에 핸드폰만 보면 되니 얼마나 편하고 인간적인가.
- 현지 사람들에게 길을 물어보지 않아도 되고, 버스 기사에게 물어보지 않아도 된다.
- 식당 메뉴에 대해 매니저에게 물어보지 않아서 편리하다.
- 인간끼리 서로 만나지 않으니 감염 우려도 덜 해진다.
- 말도 안 되는 영어와 손짓으로 손짓하며 힘들게 커뮤니케이션하지 않아도 된다.

이 모든 게 구글 덕분이다. 사람을 상대할 일이 자꾸 적어진다. 좋아진 걸까? 어쨌든 구글 매장은 볼거리와 먹거리가 많은 첼시 마켓 건너편에 있다.

첼시 마켓은 펜스테이션 기준으로 어퍼UPPER방향으로 가면 된다…. 그니까 저 위로 지하철 2개 정거장 정도 가면 된다. 바닷가 쪽에 있다. 1층에는 애플스토어처럼 구글에서 판매하는 핸드폰이나 뭐 그런 게 있다. 정말 사람이 없긴 하다. 그래도 티셔츠나 모자 등 자잘한 기념품을 파니까 들려볼 만하다.

그나저나 구글은 어떻게 이렇게 큰 회사가 됐을까?

오래전에 포털사이트에 광고가 덕지덕지 붙기 시작한 시절, 깔끔한 흰색 검색창만 있던 구글이 어떻게 먹고사나? 하며 걱정하던 기사를 본 적이 있다. 수익모델이 불분명하다는 논조였다. 이런 주제로 내가 대학원 다니던 시절에도 연구실에서 했던 기억이 난다. 지금 생각하면 누가 누구를 걱정하나.

사실 앞날에 의지와 목표가 뚜렷한 사람을 볼 때, 다른 사람은 그의 미래를 바라보기 힘들다.

하물며, 컴퓨터로 지도를 볼 수 있게 만든 스타트 기업 키홀이 구글에 인수되었을 때, 키홀 자신들도 왜 구글이 우리를 인수할까라는 의문이 들었다. 아무도 몰랐다. 그게 지금의 구글맵이 되고 구글어스가 되었다. 그때는 부동산 정보, 산불 난 지역 확인, 테러리스트들의 거처지 등 정도로 쓰던 디지털 지도 제작 회사였다. 아무도 몰랐다. 그러나 이미 2004년부터 구글 검색 중 위치를 묻는 것은 25% 비율이나 되었다. 지금은 지도가 단순히 숙박과 식당 정보 제공이 아니다. 자율주행 시대에 모빌리티의 핵심기술이며 로봇의 핵심기술이기도 하다.

누가 알았을까? 2000년 초, 한국은 텅 빈 검색창 구글을 걱정했다. 그리고 또 콘텐츠가 빈약하고 광고 게재 창도 없어 수익모델을 걱정해주었던 사이트가 있었다. 바로 유튜브였다. 지금은 2021년 매출은 288억 5000만 달러….
한화로 얼마야? 한 370조 원 되나? 모르겠다. 그리고 1일 유튜브 조회수가
약 150억 회 정도 된다고 한다. 아무도 몰랐다. 왜 구글이 유튜브를 인수했
는지, 구글맵을 만들었는지를 몰랐다. 그렇게 미래사회를 예견할 줄은 몰랐던
거다.

당신이 미래를 전망하고 꿈이 있다면 당연히 주위 사람은 모른다. 왜냐면 사
람은 너무나 큰 꿈을 꿔본 적도 없고, 눈으로 본 적도 없다. 몰라본다. 볼 줄
모른다. 자기 가슴속에 끓는 열망을 어떻게 남들이 들여다볼 수 있을까? 안
그래도…. 다 때리치고 뉴욕에 있으니 "뭐 할 거야…"라며 걱정해주며 혀를
끌끌 차는 듯한 통화를 오늘 했다.

　　　　"나도 미래를 전망하고 꿈이 있다고."

　　　"직장 때리치고 잘 한다…. 너의 꿈이 그게 뭔데?"

　　　"으음……. 브런치 블로그에 글 쓰는 것. 쩝."

#18. (뉴욕 첼시의 갤러리) 마마무를 보며, 사표 낸 시절의 잡념을 떨쳐내다.

다 때려치고 뉴욕으로

"여행이 좋은 이유는 색다른 긴장을 하기 때문이다. 어디로 가야 할지 어떻게 가야 할지 끊임없이 생각해야 하기 때문이다. 그러면서 한동안 골똘히 생각했던 일들이나 과거의 일들, 후회들이 잊혀진다. 물론 여행 후에 다시 생겨나지만 말이다. "

첼시 마켓에서 좀 더 걸어가면 조그마한 갤러리들이 많습니다. 저는 힙합 브랜드 슈프림에 영감을 주었다는 아티스트의 전시작품을 보았습니다. 갤러리에 온 방문자들의 헤어스타일이나 의상 스타일을 보는 것만으로도 힙합니다. David Zwirner 갤러리 외에 동네에 많은 갤러리가 있습니다. 들어가서 감상하시면 됩니다. 주소는 25W 19th St - 첼시 마켓 근처

"

여행은 한가로움을 만들고, 그 한가로움이 예술을 접하게 됩니다.

여행이 좋은 이유는 현실의 잡생각을 잊게 하고, 새로운 경험을 하게 해 줍니다. 예를 들어볼까요.

- 이동할 때 낯설어서 버스 지하철 노선에 집중합니다
- 말을 못 하고 말을 못 알아들으니 집중합니다
- 메뉴판도 몰라서 집중하고 봅니다.

이렇게 초행길에 집중하고 긴장하다 보니 한국에 두고 온 잡생각을 잊어버리게 됩니다. 지금이야 구글맵도 있고, 블로그에도 어디로 나가 왼쪽으로 가고 오른쪽으로 가면 된다며 상세하게 나와 있어 편하죠. 그전에 어떻게 여행했지? 달랑 도시 지도 한 장 들고 다녔는데 말이다. 도쿄나 런던이나 파리나 뉴욕이나… 그래도 물어물어 잘 찾아갔더랍니다.

여행에서 미술관이나 작은 갤러리에 가곤 합니다. 여행이니까 특별히 가게 되고, 여행을 통해 예술을 접합니다. 평창동이나 청담동 갤러리에도 가면 되지만, 한가롭지 않습니다. 일상에서 시간을 빼야 하기 때문입니다. 여행은 그 한가로움을 만듭니다. 그리고 예술품을 보며 사실 무슨 뜻인지 몰라 멍 때리면서 보게 됩니다.

뉴욕 갤러리에 콜라주 예술작품이 있었는데, 그중에 사진 이미지가 마마무였습니다. 이역만리에서 내가 좋아하는 그룹을 보니 감개가 무량하더이다.
어디서 봤냐면 첼시 마켓 쪽입니다.

앞서 스테이크나 구글 소개하면서 첼시 쪽을 소개했습니다. 낙후된 생선 창고 등을 이제는 예술가들이 들어와서 미술관이 많습니다.

마마무를 본 것은 데이비드 즈워너 갤러리였습니다. 바바라 크루거 Babara Kruger는 슈프림 supreme 로고에 큰 영향을 준 아티스트입니다. 인권, 여성 등 미국의 대표적인 개념 주의 작가입니다. David Zwirner갤러리 외에 동네에 많은 갤러리가 있습니다. 들어가셔서 감상하시면 됩니다. 25 W 19th St - 첼시 마켓 근처입니다.

(첼시에 있는 신규 건물들은 디자인도 이쁘다)

#19. (뉴욕 EATALY) 넌 왜 허황된 꿈만 꾸니

다 때려치고 뉴욕으로

" 인생의 사명을 깨닫고 그것을 위해 나아가지 못하니, 향기로운 술도 기름진
고기도 아름다운 여인도, 깔끔한 이불 시트도 헛되고 헛되도다. 작은 방 좁은
이불이라도 인생의 사명을 아니 이 어찌 행복한 인생이 아닐쏘냐 – 내 생각 "

EATALY는 이탈리아 식재료의 모든 것을 판다. 더 현대 서울, 현대백화점이 하고 싶은 게
이거구나⋯ 하는 생각도 들었지만, 서울의 eataly는 여기 규모에 비해 작다. 백 분의 일이
나 될까. 그 eatery가 월스트리트에 있다. 찾기 쉽다. 오큘러스 (월드센터 역) 옆이고 911
뮤지엄 옆이다. H&M 위층이라 찾기 쉽다. 어마어마하다 규모가.

66

We believe that eating is an agricultural act

Eataly 뉴욕, 이탈리아 식재료와 레스토랑이 있는 그곳에 벽 쪽에 새겨진 문
구를 나는 한 참이나 서서 바라보았다. "We believe that eating is an
agricultural act."라고 적혀있었다. 먹는다는 것은 농사라는 행위의 일종이라
는 말이 너무나 좋았다. 사고의 스펙트럼도 넓고, 노동이라는 범위 안에서 나
오는 문장이라 추상적이지 않고, 먹물의 허세가 없었다. 이것은 노동을 해보
지 않은 사람은 쓸 수 없는 글이라고 직감했다. 또 하나는 농장의 신선함을
먹는 사람에게 그대로 전달한다는 뜻도 포함된 것 같았다. 이 문장 하나로
Eataly 매장의 사명감을 알게 되었다.

인생은 그냥 사는 거라지만 가끔 내 사명은 무엇일까 생각해본다. 내가 무엇
을 위해 사는가⋯ 다시 한번 말하지만, 인생에 꼭 무슨 의미를 부여할 건 없
다. 인생은 그냥 사는 것이지.

그러나 한 번쯤 생각해본다. 나의 경우는….

그렇다 너무 막살았나.

주변에 그런 이야기를 들었다. 나는 꿈에 대해, 사명에 대해 중간이 없다. 보통 나의 꿈을 말하면 딱 두 가지이다. '넌 왜 꿈이 없냐'고 말하거나 아니면 '넌 허황된 꿈만 꾸니'라는 것이다.

허황되거나 꿈이 없는 이유는 정말 아무 생각이 없거나 꿈을 향해서 한 스태프 한 스텝 밟고 나갈 맵을 그려 놓지 않았기 때문이다.

변호사가 되려면 로스쿨 입학 과정을 알아보고, 비싼 등록금 마련도 계획해야 한다. 공무원이 되려고 시험공부 하려면 에듀윌같은 것도 알아보고 그래야 한다. 아니면 아버지한테 노량진 고시원비용 좀 어떻게 안 되냐고 말하던가… 어쨌든 차근차근 단계를 생각해야 한다.

난 음''' 그냥 내가 앞으로 하는 일에 대해서 생각해보았다. 나의 회사는 말이야 "사람들의 쓰디쓴 인생에 당의정 같은 콘텐츠나 무언가를 선사하는 것"이다. 당의정은 쓴 약을 먹기 좋게 얇게 겉에 달달한 것을 발라놓은 표피 같은 것이다. 노곤한 인생에 한 번이라도 달콤한 순간이 있어야 하지 않나 싶다. 물론, 약은 쓰다. 그러나 해롭지 않다. 그래서 당의정은 해로운 것은 아니고, 무언가 속이려는 게 아니다. 그냥 그런 역할이다. 힘들고 고단한 인생 한순간 이라도 반딧불처럼 빛나고 즐거웠으면 하는 게 나의 업이라고나 할까. 그런 콘텐츠를 만드는 사람이 되고 싶다. 달달하고 위로가 되는 것 말이다.

기업들도 사명감으로 표현한다. 그런 것을 슬로건이라고 하기도 하고, 브랜드 의미로 쓰이기도 한다.

마음에 드는 것은 TED의 문구, "알릴 가치가 있는 아이디어"(Ideas worth spreading)"

그리고 아우디가 1971년부터 사용한 슬로건, "기술을 통한 진보 (Vorsprung durch Technik)"

〈아래 사진은 Eataly 매장〉

다시 돌아와서 뉴욕에서 좋은 문구를 만났다. Eataly의 문구 말이다. 다시 써보면 "We believe that eating is an agricultural act."라는 홈페이지에서도 확인할 수 있다. eataly.com에 글로서리 설명하는 문장 중간에도 나온다. 음식과 재료를 파는 게 하니라, 음식을 농사라는 노동의 행위로 보는 것도 있고, 생명을 키운다는 의미도 있는 것 같다. 어쨌든 식재료 하나 사러 갔다가 벽에 쓰인 글을 한 참 바라보았다. 이 문구는 굉장히 시간과 공간을 확장한 문구이다. 물론 이 문구는 그냥 카피일 뿐, 이 기업의 슬로건이나 모토로 전면적으로 세운 것은 아니다. 하지만 서서 잠시 유심히 바라보았다.

작은 텃밭 하나 일구는 것도 얼마나 힘든지, 여름 한 철 1주일만 피(잡초)를 안 뽑아도 밭은 엉망이 돼버린다. 깨 한번 털어보겠다고 깨 10알 얻는 동안 벌레와 꽃 먼지들이 수백 개 날아가는 것들도 기억도 난다. 이런 것도 힘든데, 농사짓고 가축 사육하고 고기와 소스를 숙성하는 게 얼마나 어려울까. 반면 그런 기쁨을 먹는 거로 얻는구나. 이런 게 또 삶의 사이클이겠지.

어쨌든 캐주얼한 느낌으로 이탈리아 음식과 분위기를 다양하게 느낄 수 있다. 여기서는 나는 간단한 요리와 와인을 마셨다. 이곳은 다양한 요리와 먹을 게 상당히 많다. 나 역시 요리를 좋아하고, 요리 에세이를 내는 마당에 여기를 좋아한다. 식재료- 생선, 정육 등 생물을 포함해서 치즈, 파스타 면, 소스 등, 테이블 소품 등도 다양하다. 여기 내부에서 와인을 마셔도 좋다. 그리고 이탈리아 피자 등 모든 요리를 먹을 수 있다. 황홀하다. 게다가 커피면 커피, 디저트, 젤라토까지 모든 걸 캐주얼하게 즐길 수 있다. 이 정도면 여기서 난 3일은 살 수 있을 듯….

아 그리고 추천…. 여기서 피자 만들기 등 쿠킹 클래스도 있고, 와인과 치즈에 대한 강좌도 열린다. eataly.com에서 찾아보거나 Foodiversita…. 이렇게 검색해보면 된다.

#20. (뉴욕, 다찌에 앉아) 인연을 만드는 법

다 때려치고 뉴욕으로

"소리 내지 않으면 아무도 찾아오지 않는다. 가만히 있으면 귀인도 찾아오지 않는다. 마음속으로 바래야 하고, 다리로 뛰어야 한다. 기도를 위해 손을 모아야 하고, 얼굴은 늘 집중해야 귀인이 찾아온다. 인생에서 귀인이 그럴 진데, 인연도 마찬가지이다. 가만히 있으면 그 누구도 너를 찾아올 수 없다. 어디 있는지 모르기 때문이다."

1일 박물관, 미술관 여행코스 등을 등록해서 함께 다니면 된다. 또는 시간이 되면 3일간 여행도 있다. 보스턴 여행, 워싱턴 여행, 나이아가라 폭포 여행 등이 있다. 마이리얼트립 이나 athometrip(앳홈트립), 온라인 카페 등을 찾아보면 된다.

❝

생각해보니 늘 내 옆에는 누군가 혼자 와 있었다. 누구 한 명은 들이대야 하나. 그래야 이어진다.

인연은 누구 하나가 적극적이어야 한다. 누구 하나는 들이대야 한다. 10번 찍는 도끼질을 해야 한다.

이게 말로 하기에는 힘든 경계선인데 잘못하면 사이코가 되고, 집요하면 스토커가 된다. 그건 범죄다. 싫다고 말했으면 싫은 줄 알아야 한다. 근데 또 한 번 튕겨본 건데 바로 대답이 "싫다면 사라지겠습니다. 쌩~"하고 사라지면 또 매력이 없다. 어렵다. 도대체 어떻게 하란 말인가 할 것이다.

옷깃만 스쳐도 전생에 백번을 만나야 한다고 한다. 하지만 중요한 것이 있다. 길을 지나가 봐라. 옷깃을 스치는 것이 얼마나 힘든가. 옷깃을 스치도록 의식적으로 노력해야 한다. 누군가는 들이대야 한다.

나는 뉴욕에서 개인적인 대화를 해본 것은 아침에 식사하러 동네 카페에 갔을 때다. 할머니하고 대화했다. 할머니는 사우어도우어에 토마토, 모차렐라 치즈를 얹은 빵과 커피를 드셨다. 나는 뭘 어떻게 시키는지 몰라 간단히 커피와 머핀을 먹었다. 할머니는 나보고 영어를 잘한다고 했다. 그런가? 나는 그냥 말이 안 통하고 그러니 그동안 뉴욕에서 실어증 환자처럼 지내고 있었다.

(아침식사, 대각선으로는 나와 대화한 할머니)

혼자 뉴욕여행을 하면 다양한 경로로 사람을 만날 수는 있다.

1. 뉴욕여행 관련 온라인 카페에 가면 "동행자 구합니다."가 있다.
   - 난 나이 들어서 이런 게 겁이 난다. 누군지 몰라서 그렇다. 그리고 난 여행을 아침에 당일 결정했다. 여기는 사전에 미리미리 해야 하는 것 같다.

2. 1일 박물관, 미술관 여행코스 등을 등록해서 함께 다니면 된다. 또는 시간이 되면 3일간 여행도 있다. 보스턴 여행, 워싱턴 여행, 나이아가라 폭포 여행 등이 있다.
   - 마이리얼트립이나 athometrip(앳홈트립) 등을 찾아보면 된다.

3. 현지에 다양한 프로그램이 있다. 나는 개인적인 요가를 했지만, 서핑이나 파티, 걷기 이런 것들이 있다.

- 에어비앤비만 봐도 굉장히 많이 나와 있다. 외국인과 같이 다니는 게 장점이자 영어로 하는 게 단점이다.

4. 바에 가서 앉아 있으면 된다. 혼자 오는 사람이 많다.

생각해보니까 바에 가면 나 혼자만 싱글이 아니었다. 늘 내 옆에는 여자가 혼자 앉아 있었다.

Eataly에서는 백인의 젊은 여자분이 화이트 와인과 스파게티를 먹고 있었다. 그녀는 먹다 남겼다. 난 머릿속에서 말을 걸 내용도 없었다. 문장도 안되고 그랬다. 고작 머릿속에는 여자한테 말을 걸 내용이 이것밖에 생각이 안 났다.

"스파게티 먹다 남겼는데, 나 한 입만 먹어보면 안 돼? 맛있어 보이네"

재즈클럽에도 그랬다. 블루버드 재즈바에는 옆에 늘씬한 여자였다. 케사디야 하고 샐러드를 시켰는데 혼자서 다 먹었다. 케사디야는 한국의 피자 대형 사이즈 같았다. 샐러드 접시는 보기만 해도 배불렀다. 음악을 들으며 말을 걸 내용을 생각해 봤다. 고작 생각한 것은 하나…

"배 안 불러? 케사디야 한 조각만 주면 안 돼?"

링컨센터의 재즈바, 디지즈 재즈클럽 Dizzy's Club에도 그랬다. 지난번 말한 것처럼 아르헨티나 총각도 있었지만 내 옆에 작고 귀여운 자메이카스러운 여자도 혼자 왔다. 신나는 자메이카 재즈에 그 여자는 일어서서 춤 출정도로 흥이 많았다. 그런데 너무 늦은 시간이라 나는 일찍 들어가야 해서 말 걸 생각조차 안 했다. 뉴욕에서 혼자 밤 11시까지 있는 게 나는 무서웠다. 그 여자는 내게 관심도 없었지만 나 혼자 생각했다.

"미안해요. 저는 이만 들어가 봐야 해서요. 안녕"

〈위 사진은 링컨센터의 재즈바〉

뮤지컬을 보러 타임스 스퀘어에 갔는데, 근처에 에디슨 호텔에 있는 레스토랑이 있었다. 거기서도 아가씨가 혼자 전자책을 보며 화이트 와인을 마시고 있었다. 너무 집중해서 보느라 말 걸 생각도 없었지만 말 걸 타이밍도 없었다.

여러분은 혹시 뉴욕이나 다른 곳에 여행을 가셔도 적극적으로 말을 걸어보시라. 아무도 이상한 사람이라고 생각 안 한다. 게다가 뉴욕은 즐기러 왔기 때문이다. 한번 말을 건네고 친절과 배려를 베풀면 충만한 여행의 기회가 생길 것이다. 난 그냥 혼자만 있다가 왔지만 말이다.

#21. (뉴욕 동네 아침식사) 맛집만 찾으면 영혼이 허기져

다 때려치고 뉴욕으로

" 물론 맛집을 찾아가는 것은 중요하다. 무슨 무슨 거리가 있으면 줄 서는 맛집만
맛있고, 나머지는 허접한데를 너무 많이 경험했다. 그래서 '그 집'을 찾아가는
것은 맞다. 그런데 일상에도 맛집만 찾아가는 것은 오히려 영혼의 허기짐을
드러내는 것일 수 있다. 담백한 식사, 그리고 나를 아는 사장이 웃으며 해주는
밥은 오히려 영혼을 배부르게 만든다 "

지금 내가 있는 뉴욕의 동네에도 맛집이 많습니다. 그러나 바쁜 일정에 뉴욕여행을 오신 분
들은 한 시간 정도 기차 타고 오실 필요는 없습니다. 그러나 기회가 되시면 롱아일랜드 레
일 로드(LIRR-Long iland rail road) 포트 워싱턴 port Washington의 종점 포트 워싱턴
역까지 오시면 됩니다. 역에서 내리시면 걸어서 갈 정도로 음식점들이 꽤 있습니다.

66

내 동네의 맛집을 사랑하는 이유, 나를 아는 사람이 음식을 해주니까.

내가 머물던 곳에도 괜찮은 식당들이 보입니다. 식당을 바라보면 한가롭고 안
전하고 따뜻합니다. 역 앞에서 조금 산책하시면 괜찮은 식당에 들어가 보는
것도 좋습니다. 북적거리는 시내가 아니니까요. 사실 한 번은 들려서 모든 식
당의 음식을 먹어봐야지 했는데 안 가게 되더라고요. 집에서 주로 샌드위치를
만들어 먹었습니다.

그러다가 한국의 엄마 집이 생각났습니다. 엄마 밥도 생각이 나서 그런 걸까
요? 뉴욕에서…. 엄마 집 동네는 구도심이라 맛집과 싼 집이 많긴 해요. 특히
순대 곱창집은 전국 최고라고 자부합니다. 내가 사모펀드를 꾸려서 체인점 내
자고 하고 싶을 정도입니다. 그리고 닭 3마리에만 원하는 곳도 있습니다. (뉴

욕 갔다 온 사이에 만 삼천 원으로 인상)…. 그 집은 통닭과 닭똥집만 팝니다. 소주와 맥주, 콜라는 당연히 팔죠. 딱 닭만 튀기고 술만 제공합니다.

그리고 통닭 반 마리부터 멸치 안주까지 다양하게 파는 곳도 있습니다. 낮부터 여는 술집입니다. 폭탄주(소주+안주)와 안주를 만 원대의 가격으로 딱 마시고 갈 수 있는 곳도 있습니다. 아마 나이 드신 중년 여성분들의 인기가 폭발적입니다. 오후 4시쯤 청소 일이나 다른 업무일을 끝내시고 오시면 개운하게 친구들과 딱 마시고 가실 수 있습니다. 노동은 소맥을 맛있게 만드는 요소입니다. 인생은 그런 것입니다. 술 한잔이 위로되는 날들입니다.

내가 사는 한국 동네의 가게는 어떻게 되었을까? 보통 동네 가게는 둘 중 하나입니다. 너무 잘 돼서 떠나가거나 나만 좋아해서 망하는 집입니다. 이거는 아주 참지 못할 이별의 아픔을 겪는 것과 같습니다. 최근에는 너무 잘 돼서 성수동으로 떠나갔습니다. 빵집입니다. 사워 도워라고 하나 시큼한 빵을 만들어 파는 곳이 별로 없는 데 말입니다.

예전에 나주에 있을 때도 생각나는 정육점이 있었습니다. 정말 정말 고기가 맛있었습니다. 작은 정육점입니다. 아저씨는 도라이에몽에 나오는 까불대는 주인공 친구 같고, 아줌마는 덩치 큰 친구랑 똑같이 생겼습니다. 그런데 얼마 못 버티셨더라고요. 이사 가는 날 나 혼자 눈물 날 뻔. 아무래도 대형 마트에 밀리다 보니까 쉽지 않았나 봅니다. 고기가 정말 맛있었는데 말입니다. 장사가 안돼서 고향 강진으로 갔다고 하는 데…. 정말 당일 도축한 돼지고기는 예술이었습니다. 당일 도축된 소고기 육회도 훌륭했습니다. 고기는 숙성해야 한다 또는 아니다. 논란이 업계에 있지만 저는 당일 도축, 오늘 새벽 도축 고기가 맛있더라고요.

지금 내가 있는 뉴욕의 동네에도 맛집이 많습니다. 그러나 바쁜 일정에 뉴욕 여행을 오신 분들은 한 시간 정도 기차 타고 오실 필요는 없습니다. 그러나 기회가 되시면 롱아일랜드 레일 로드(LIRR-Long iland rail road) 포트 워싱턴 port Washington의 종점 포트 워싱턴 역까지 오시면 됩니다. 역에서 내리시면 걸어서 갈 정도로 음식점들이 꽤 있습니다.

이 동네는 유대인이 많이 살았던 곳이라 베이글은 단연 최고입니다. (근데 지금은 주인이 한국인이라는) 일본 분들도 많이 사셔서 일식집도 많습니다. 그리고 초창기 남미 쪽에서 이주한 일본인들이 다시 뉴욕으로 정착하면서 페루식 일본 음식점도 인기가 많습니다. 이탈리아 정식 Tosca, 프랑스 요릿집, 벨기에식 홍합이나 랍스터, 생선요리 집도 있습니다. 밤늦게까지 하는 PUB도 있습니다. 역 앞에 스타벅스 외에도 길 건너면 샌드위치와 간단한 음료와 커피를 파는 미국틱한 카페도 있습니다. 잔디 깎는 거나 배수구 고치는 것은 대부분 남미에서 오신 분들이 많이 하는 것 같습니다. 인디오 피가 섞여 있는 분들 말이지요. 그분들 음식점도 많습니다. 또띠야나 뭐 그런 거요. 그리고 당연히 피자집도 있습니다. 그리스 지중해 음식점도 있습니다. 토요일에는 바닷가 쪽에 지역 농산물 판매도 하고 있습니다. 저는 이탈리아 아줌마의 치즈와 파스타 생면을 좋아합니다.

내가 사는 동네에 사랑하는 상점들이 몇 개가 있을까요? 블로그나 인스타에 나오지도 않지만 정말 맛집들이 있죠. 저는 커플끼리 작정하고 찾아가는 맛집도 중요하지만, 자신만의 동네 맛집도 중요하다고 생각합니다. 그래야 지역경제도 돌고 소상공인도 잘 살지요. 그렇죠?

#22. (뉴욕 리틀 이탈리아) 넌 너무나 매력 있어 바보야

다 때려치고 뉴욕으로
"넌 너무 매력 있어. 바보야. 그런데 매력을 알아봐 주는 게 있는 게 **좋을** 것 같다. 고만고만한 매력 없는 사람끼리 좁쌀만 한 이득을 얻으려고 아웅다웅하는 곳에 있는 것은 아니야. 너의 매력을 발산하는 곳으로 가."

뉴욕 소호지역에 리틀 이탈리아라는 곳이 있다. 이탈리아 식당도 많지만, 작은 상점들이 오밀조밀하게 많아서 볼거리도 많고 먹거리도 많다. 지도보고 맛집을 찾아가는 것보다는 가다가 목마르면 대낮이라도 꽉 찬 펍에 들어가서 목을 축이고, 또 구경하다가 구미가 당기는 아무 레스토랑에서 와인을 먹는 것을 추천한다.

❝

실력이 안 되네 성실함을 가장해서 양으로 승부하는 경우가 있어. 때로는 그런 방법이 이겨. 인정해야 해.

어제 뉴욕 소호에 있는 이탈리아 식당에 갔어. 내가 좋아하는 라쟈니아와 화이트 와인을 시켰지. 더울때는 화이트 와인이지. 난 맛집 검색하고 가는 스타일이 아니라 그냥 보이는 데 가니까… 근데 거기가 맛집인가? 내가 앉고 나서부터 사람들이 줄을 서드라고

그거 알지? 내가 어느 가게에 들어가면 갑자기 사람이 많아지는 사람들…. 그런 사람들은 뒤통수 치는 사람이 주위에 많고 경쟁자가 많다는 뜻이야. 그런 사람들이 가게를 차리면 손님이 많아지는 게 아니라 유사한 가게들이 생겨나지.

그나저나 소호에는 옷 가게도 많고, 각종 잡화점 가게도 많아서 걷는 재미, 보는 재미가 있어.

참 소호에 덥거나 추워서 지치면 꼭 뉴욕 공공도서관 소호 지점에 가봐. 아예 "쿨링센터"라고 한글로도 적혀있어. 여기서 시원하게 쉬라고…. 이런 갓 브레스 유.

나 혼자 방문한 이탈리아 레스토랑에는 사람이 꽉 찼어. 많은 레스토랑 중에 여기만 꽉 찼네…. 먼저…. 왜 매력적이지?

그건 그 매니저 덕분 같아. 성실해 보여. 귀엽고 좀 웃기게 생긴 전형적인 이탈리아 레스토랑 매니저야. 누가 봐도 이탈리아 남부 사람 같고, 코미디언 조세호 몸매 체질에 얼굴은 바로 이탈리아 사람이야. 혼자서 손님 접대하고 메뉴판 나눠주고 의자와 책상 다시 정리하고 바쁘더라고, 너무 성실해서 매력적이었어.

약간의 대머리인 그 매니저는 성실하고 착한 얼굴인데, 밤에는 혹시 펭귄맨으로 이 고담시를 누비지는 않을까 하는 의심을 했어. 정말 똑같아. 정말 그 매니저는 밤에 고담시를 누비는 펭귄맨일까?

팀 버튼 감독의 배트맨에서 펭귄맨은 당연히 이탈리아 사람이니까. 펭귄맨 역할을 한 사람은 데니 드 비토인데, 미국 출생이지만 이탈리아 혈통이라고 해. 물론 최근에 나온 〈더 배트맨〉에서도 펭귄맨이 나오지. 거기서도 이탈리아 출신이 맞는 거 같아. 왜? 마피아 이야기가 나오니까?

아니. 영화에서 펭귄민의 차는 이탈리아 자동차 마세라티더라고. 그래서 더욱 확실했지. 아 펭귄맨은 이탈리아 사람이거나 이탈리아 이민자구나. 〈더 배트맨〉의 펭귄도 매력적이야.

이런 말을 들었어. 문짝이 맞으면 마세라티가 아니다.

문짝이 맞으면 마세라티가 아니라는 풍문이 있어. (내가 한 말 아님) 이런 말이 있을 정도로 이탈리아 차의 정교함에 대한 비아냥이 있어. 하지만 그 매력과 디자인을 어떻게 이길 거야.

스튜디오 지브리의 미야자키 하야오 감독 작품 〈붉은 돼지〉를 봐도 알지. 애니메이션에 나오는 경비행기의 엔진을 보면 알지만, 이탈리아 엔진은 무시 못해. 엔진 제조와 디자인에는 기본, 아니 그 이상의 기술을 이탈리아가 갖고 있지. 즉 기술과 실력은 사실 기본을 갖고 있다는 뜻이지.

그래서 오히려 이 말이 마세라티의 매력을 돋보여주는 말 같아. 문짝으로 비아냥거려도 명품 자동차의 흠을 낼 수는 없다는 것이지.

어설퍼 보이는 것들이 누구와 너를 비교하거나 너를 폄하하며 비아냥거리는 말로 너를 흥분시킬 수 있어. 그래도 그들의 말에 넘어가지 마. 넌 충분히 매력적이야. 그리고 실력도 있어. 그리고 보니, 실력보다 성실함이 있으면 더욱 매력적인 거 같아. 물론, 성실함은 실력을 기반으로 해야 하는 게 맞지.

예전에 다니던 회사에서 국정감사 대응 자료 만든다고 그 담당 부서에서 만든 자료의 페이지 수가… 한 300페이지인가 200페이지를 만드는 것 보고 … 우리 CEO가 말씀하셨지.

"이렇게 두꺼우면 만든 너희들 마음은 뿌듯하겠지…. 이걸 어떻게 국정감사장에서 내가 자료를 찾아보며 대답하니…."

그래. 그 팀은 실력은 안 되니까 늘 양으로 승부하거든

근데 또 양으로 승부하는 게 이겨. 실력이 안 돼서 성실함을 가장해서 양만 두껍게 만드는 것이야. 맞춤법이 틀리면 안 되니 모든 부서를 주말에도 불러모아서 또 고치고 또 고치고…. 똑똑한 CEO분이 30초 보고 자료 폐기….

그래도 인정하는 바가 있어. 거기는 양으로만 승부한다고 하지만 그게 성실함으로 변하고, 양적 변화가 질적 변화를 이루면서 실력으로 '변태'가 돼. 인정하기 싫지만 인정해. 그런 팀이 인정받고 승진 빠르고 그렇잖아. 배워. 아니 암기해. 무조건 외워.

나 역시 인정을 못 했지. 실력과 매력을 겸비한 나로서는…. 근데 조직은 또 그게 맞는 거야. 그래도 휴…. 너 알지? 머리 나쁜데 성실함을 가장한 척하면 얼마나 피곤한지… 어쨌든.

참…. 내가 간 이탈리아 식당이 어디냐고?
어디지? 그냥 그 근처에 식당 많으니까 아무 데나 가….
내가 간 곳은 AMICI 레스토랑

나중에 서울 가면 마세라티 타고 이탈리아 레스토랑에 가고 싶다.

#23. (뉴욕 세인트 패트릭 성당) 봐봐. 너를. 난 네가 명품이라고 생각해

다 때려치고 뉴욕으로
"당신이 명품이 되려면 세 가지를 갖고 있어야 해. 지속과 시대반영, 그리고
진보."

뉴욕의 패트릭 성당을 중심으로 쇼핑과 볼거리, 먹거리가 정말 많다. 유명한 록펠러 빌딩과
NBC 방송국, 백화점 등이 다양하게 있다.

"
성당은 늘 좋아.

난, 가톨릭 신자가
아니지만, 가만히 눈을
감고 손을 모으고
기도를 해.

마음이 편해져.

난 세인트 패트릭 성당에서 기도하는 게 좋아. 내 느낌으로는 정말 명당이야. 성당 대부분이 다 터가 좋지. 여기에 가만히 눈을 감고 손을 모으고 소원을 말해봐.

성당 건너편 나름 프랜차이즈인 푸드트럭 커피 "랄프로렌" 커피를 마셔봐. 크루아상하고 같이 마시면 기분도 좋아지고 여행의 피로도 풀리지. 명품 브랜드 중 하나인 레고가 옆에 있다, 성당도 있고 레고도 있으니까 가족들이 가도 좋을 듯해. 여기서는 정말 명품을 많이 볼 수 있어. 루이뷔통을 비롯한 명품 가게들이 즐비해. 성당 바로 옆에 백화점도 있고 그래.

근처 록펠러 빌딩하고 시트콤 프렌즈의 NBC방송국이 있기도 해. 오늘은 여기서 아마 현대극을 촬영하나 봐. 내가 갈 때는 올드풍 클래식 차들과 택시들 등 멋진 차들이 즐비하게 주차해서 무언가를 촬영하려는 듯하더라고……

무엇보다 여기 성당 근처에는 명품과 백화점들이 많아서 멋쟁이들이 많아. 성당 앞 계단에 앉아서 뉴욕이 아닌, 세계의 패션을 보는 것만으로도 하루 다 갈걸? 너무 이뻐. 다들. 저 실키한 노란 치마에 코발트블루의 소매 없는 실크 블라우스를 입은 여성을 보니 너무 뷰리풀하고 칼라풀 하네

뉴욕의 소호는 20대 초반 친구끼리 히히거리면서 가는 젊은 감각이라면, 여기는 음… 부티와 뷰티를 겸비한 감각이라고나 할까. 뭘 좀 아는 사람이 가야지. 여기 앉아 있으면 다양한 사람을 볼 수 있지. 전 세계 멋쟁이들을. 누가 봐도 유럽 갑부인 멋쟁이 갑부들도 있고, 중동의 부호들도 있어. 성당에서 결혼하려고 미리 결혼사진을 찍는 풍경도 볼 수 있지. 물론, 나 같은 백수도 있어. 다 때리치고 뉴욕으로 와서 할 일 없으니 성당 앞 계단에 앉아 사람 구경하는 거지 뭐.

명품의 조건은 뭘까. 당신이 들고 있는 명품은 뭐야? 난 명품의 조건 3가지가 있다고 생각해

첫째로 "지속성"

쉽게 말하면 3대가 물려받으면서 써야지. 또는 3대까지 물려줄 정도가 되는 품질을 갖고 있어야 하고, 그만큼 역사도 갖고 있어야지. 그리고 3대째 수리를 맡기러 가도 되는 지속가능한 경영을 해야겠지.

혹시 당신 집에 할머니 할아버지가 쓰던 물건이 지금도 쓰고 있는 게 무언지. 그런 게 없으면 일단 명품이 없는 집안이야. 할머니의 옷이나 장롱, 미싱이라도 있는지 봐봐. 아니면 할머니가 쓰던 인절미 찍던 나무 절편 인장이나 쭉정이 거르는 키, 칼국수 만들던 넓은 도마… 할머니의 반지 그런 것도 지금 쓴다면 명품이지. 오래 써도 질리지 않고 실용적인 거지. 튼튼하고.

에르메스 알지? 에르메스의 대표적인 상품이 뭐야? 뭐긴 뭐야… 말 안장이지…. 상표 봐봐 말이 그려졌잖아.

예를 들면 할아버지에게 물려받은 말안장에 수선이 필요해? 그러면 에르메스에서 그때 말안장을 만든 장인의 직속 제자를 찾아. 거기도 3대가 내려가니까. 그래서 직속 제자의 직속 제자가 수선을 맡게 돼 있어. 그래야 정교하게 옛날 그 느낌 그대로 수선을 해주지. OEM 하청받아서는 불가한 시스템이지. 가죽도 물론 그 당시에 손질하고 보관해둔 가죽을 찾아서 수선하는 거지. 그래야 색깔이나 촉감이 비슷한 느낌으로 가는 거지.
이렇게 명품은 철학과 전통을 겸비하지. 두 번째는 무얼까〉

둘째는 "사회성과 시대성"

즉, 명품은 시대를 반영하고 사회를 비추고 시대를 선도해야지

샤넬에 A라인 치마, 클러치백을 봐봐. 그리고 내가 사랑하는 이브 생로랑의
여성 정장을 봐봐. 이브 생로랑은 최초로 남성 스타일의 여성 "기지 바지" 옷
을 만들었잖아. 지금의 오피스 룩이지. 샤넬도 그렇잖아. 긴치마에서 여성이
사회활동을 할 수 있게 A라인으로 짧은 치마 그리고 간단한 것을 넣을 수 있
는 클러치 백을 만들잖아. 가구나 만드는 장인 루이뷔통을 봐봐… 증기기관차
발명 이후 장거리 여행이 증가하면서 튼튼한 여행용 가방을 만들어 냈잖아.
수납공간도 다양하고…. 그러니까 명품이 되지. 아마 증기선 타이타닉호에 가
라앉은 가방은 다 루이뷔통 같아.

조폭이 좋아하는 신발이 뭔지 알아? 바로 페라가모야. 나 역시도 사랑하는 페
라가모지. 왜 조폭이 좋아해? 뛰어야 하고 발로 까야 하잖아. 때로는 하루 종
일 기도로 어디 서 있어야 한단 말이야. 그래서 발이 편해야 해. 편한 신발이
뭐야? 페라가모지. 어릴 때 치즈 한 덩이 들고 도시로 도망쳐서 상경한 페르
디난도 페라가모 아니겠어. 귀족이 가만히 앉아 있는 게 아닌 시대니까. 돈
있는 사람들이 비즈니스 하려고 돌아다니려면 편한 신발을 찾지. 그 당시 인
체공학적인 신발을 만들어 내니까. 명품이 되지. 마릴린 몬로도 신고, 오드리
헵번도 신고 말이야. 편하니까. 즉, 이것도 시대를 반영한 신발이라고 하겠지.

세 번째로 혁신성
사회를 변혁해야 해. 혁신해야 해. 아니면 사회적 이슈를 만들어야지.

사람으로 따지면 변영주 감독, 애플의 스티브 잡스, 스타벅스의 하워드 슐츠 등등이지…

변영주 감독은 "낮은 목소리"라는 영화를 만들었어. 20년 전에는 그게 파란을 일으킨 작품이고, 그 영향이 지금까지 있다고 봐. 일게 '독립다큐멘터리 주제'에 나중에 콧대 높은 KBS 다큐멘터리에도 정규 편성됐지. 그 자존심 강한 KBS 다큐팀도 인정한 거였어.

20세기였으니까. 그때까지만 해도 여성은 뒤편이고, 성 노동자는 더욱더 뒤편이고 입에 담지 못했지. 그리고 '지금'도 그렇지만 예전에는 친일 분위기가 강했으니까. 그럴 수밖에 없지. 일본 만주군 군인이 대통령이 됐고 그 딸도 대통령이 된 나라니까 더더욱 그렇지. 아버지가 일제강점기 판사거나 일본으로부터 장학금을 받고 자란 집안이 한국사회 권력을 장악한 때도 있는 나라니까 더욱 그렇지.

우리도 일제 만행 747부대, 인체 실험 뭐 이런 건 알았어도 위안부까지는 몰랐거든. 그때야 알았던 거야. 해방된 지 40년이 지나서야…그때까지는 알면서도 공개적으로 꺼내지도 않았고, 일반 대중들은 사실 몰랐어. 일제강점기의 일본군 위안부로 우리 소녀들이 끌려간 것을 말이야. 그런데 사회적으로 알린게 바로 변영주 감독의 영화작품이라고 생각해.

지금의 수요집회. 일본군 위안부 문제, 일본 배상의 문제를 제기한 콘텐츠이지. 그게 변영주 감독의 "낮은 목소리"야. 혁신적인 '상품'이지. 독립 다큐가 사회적 파장을 일으킨 거지. 지금 변영주 감독이 그냥 방구석 1열에 앉아 있는 게 아냐. 내공이 있지.

아이폰의 스티브 잡스는 설명 안 해도 되겠고…. 엄청나게 단 도넛에 물처럼 마시는 커피 문화 미국, 그런 서브 역할만 하는 커피 문화에 이탈리아 커피 문화를 가져온 하워드 슐츠 등등 말이야. 미국은 커피를 마신다는 개념이 없는 데. 도서관 또는 서재 콘셉트의 인테리어로 "커피를 즐기는" 문화를 심은 거지. 그전에 커피는 그냥 도넛의 보조 식품이었지. 물론, 뉴욕에 앉아 있어 보면 아메리카노 블랙커피 마시는 사람은 나밖에 없어. 다 달게 마시지.

한국 케이팝의 산업적 지형을 바꾼 서태지, 그리고 신해철 등등이 있겠지. 이들 음악이 명품이야. 네가 가진 명품은 뭐야? 부럽네…. 또 내가 부러워해 줘야 너도 으쓱한 면이 생기지…. 근데 당신이 가진 명품 중에 이 세 가지 중 무엇에 해당할까? 명품이 없다고?

잘 봐봐. 너 스스로를. 넌 네가 명품이니까.

#24. (뉴욕 메트로폴리탄 미술관) 성공의 확신, 어퍼메이션

다 때려치고 뉴욕으로

"정말 간절히 바라. 간절히 바라는 것을 그림으로 그려봐. 시각화하고 어떤 상을 만들어봐. 반드시 될 거야."

뉴욕 메트로폴리탄 미술관에는 어마어마한 그림들이 전시되어 있어 당연 뉴욕 관광 필수 코스이다. 센트럴 파크와 붙어 있고, 주위에 구겐하임 미술관도 있고, 멋진 뉴욕 아파트들이 많아서 놀러 가기도 좋은 곳이다.

66

배용준의 욘사마로서 이것이 마지막 한류가 될 것입니다……. 과연 그런가?

2000년대 초반,

드라마 〈겨울연가〉의 주인공 배용준은 일본에서 인기가 상당히 높았다. 그래서 최고의 극존칭인 '사마'를 붙여서 '욘(용준의 용, 일본식 발음)사마'라 불렸다. 한편, 인기가 일본에서 엄청난 소식과 더불어, 사실 한류는 배용준의 인기에 의존해서 곧 사그라들 거라는 기사, 칼럼 등이 많았다.

또 한국 콘텐츠로는 욘사마 이후 대타가 없을 것이고, 이제 곧 끝날 거라는 연구보고서도 많았다. 세미나에서도 여러 교수가 그런 우려를 표했다. 그리고 우리도 솔직히 마음속으로 인정했다. 우리는 안될 거야. 한국어로 된 콘텐츠를 누가 봐···. 우리 드라마를······. 불과 20여 년 전이었다.

모두가 〈오징어 게임〉을 비롯한 한국 드라마를 서양인들이 볼 거라고는 꿈에도 상상을 못 했다. 지금은 그렇지 않다. 한국 콘텐츠가 글로벌 진출이라는 업무를 해온 나로서는 뿌듯함을 가지고 있다.

오늘 방안에서 TV를 보는 데, 넷플릭스 실적발표 관련 NFLX넷플릭스 주식이 크게 뛰었나 보다. 뉴스 자료 그림도 계속 오징어 게임이다. 작년에 나온 건데
말이다. 넷플릭스 하면 오징어 게임이라는 뜻이다. 게다가 넷플릭스 Japan의 구독자를 늘리는 일등공신은 한국 콘텐츠, 특히 〈사랑의 불시착〉의 공이 컸다.

다시 말하지만 정말 2000년대 초반, 나는 한국 콘텐츠 글로벌 진출과 한류 확산 업무를 맡으면서도 과연 가능할까 하는 생각을 정말 했었다. 그래도 한국은 꾸준히 했다. 나 역시 열심히 했다. 몽골, 필리핀, 베트남, 인도네시아, 중국, 미얀마, 캄보디아, 일본 등에서 한류 세미나도 열고, 한국 드라마〈궁〉

제작자와 〈겨울연가〉 감독님들 모시고 해외 현지에 직접 강연회도 열었다. (그걸 나의 젊은 날에 어떻게 위탁대행 안 하고 직접 나 혼자 했었을까? 아주 바빴네) 그리고 아시아 콘텐츠 인력을 초청해서 6개월간 함께 수행하며 한국 문화와 콘텐츠에 관해 설명하는 연수도 마련했다. 국제 공동제작도 참여해서 매년 몇 편씩 방송을 프로듀싱하기도 했다. 나 역시 한류라는 어마한 크기의 컨테이너 선박에 작은 나사못이라도 돼서 열심히 했던 건가라는 자부심이 있다.

자부심만 느끼고 있을 뿐, 오늘도 뉴욕 시내에 또 혼자 앉아서 콜라 마시면서 두리번거리며 앉아 있었다. 지금 보니 이제 뉴욕에서도 한국 관련 콘텐츠를 쉽게 볼 수 있다.

블랙핑크도 그렇고 네이버 라인 숍도 있다. 어디든 있다. 아마존에서 프로듀서를 하는 조카도 한국 프로덕트나 컬처가 핫한 느낌이라고 했다. 상상하고 꿈꾸는 대로 엔터테이너들은 한류를 만들어 냈다. 관료나 엘리트나 지식인이나, 연구정책 아니라 딴따라들이 만들어 낸 성과였다. (물론 딴따라뿐만 아니라 모두다…. 그래 모두 다 이루어 낸 것으로 하자) 특히 뉴욕에서 본 장혁의 〈더킬러〉 대형 포스터는 멋있었다. 정말 딴따라들이 만든 꿈들이 뉴욕에서도 이루어졌다.

그러나 난 그때 아무 꿈도 꾸지 않았다. 그러나 주위 사람들이 실제로 상상하면서 이루어지는 것을 보았고, 목격했다. 말하는 대로 이루어지는 것을 보았다.

"난 미국에서 한국 드라마를 만들 거야"

이렇게 노래 부르던 그분도 결국 10년 지나 미국에서 한국 리메이크 드라마를 만들어서 히트 쳤다. 세상에. 그렇게 결심하더니 정말 됐다. 자폐증적 의

사가 나와서 따뜻한 휴먼스토리로 미국에서도 큰 호응을 얻었다.

"나 드라마 작가 할래"

전혀 장르와 길이 다른 다큐작가를 했던 아는 누나도 갑자기 사라지더니, 세상에, 히트 메이커 돼서 작가로 나타났다. 그래서 그 누나의 작품에는 등장인물 중 하나가 내 이름과 같다. 네 이름이 특이해서 나한테 전화가 와서 쓴다고 했다. 나야 영광이지 뭐.

"나는 내년에는 뉴욕에 있을 거야."

정말 있다. 소원대로 됐다. 그러나 아뿔싸 어떤 모습일지 구체적으로 그리지 못했다. 다 때리치고 뉴욕이라는 글을 쓸지는 몰랐다. 좀 계획적이고 구체적으로 살지 못하는 내가 후회됐다. 나는 그냥 이미지만 떠올리지, 스텝 바이 스텝 차분한 계획을 짰어야 했다.

그저 뉴욕에서 번쩍이는 금색 단추의 블랙 블레이저를 입고, 바지는 청바지에 선글라스 끼고, 신발은 이탈리아 가죽의 스니커즈를 신고, 소호에 있는 작은 이탈리아 레스토랑에 와인을 마시다가, 맨해튼에 있는 호텔로 들어가서 편히 쉴 거라고만 생각했다. 막연히…겉모습만 생각했지 구체적인 내 사명과 일에 대해서는 생각을 안했다.

지금은 남수단의 작은 소년이 마을 멀리서 물을 길어오는 것처럼, 오늘 물이 떨어져서 마트에 큰 물통 하나 사 들고 털래털래 걸어와 뉴욕에서 뉴욕에 대한 글을 쓰고 있다.

내가 작년에 "앞으로 다짐하며" 꿈꾸던 게 뭐지? 한번 복기해 보자.

1. 뉴욕에 한 달 정도 머문다.
2. 고흐 그림은 가끔 늘 본다.
3. 내가 잘하고, 하고 싶은 것을 한다. 급한 성질 죽이고 게으른 성질 빠릿빠 릿하게 움직인다.
4. 상대방에게 친절하고 관대하게 대한다. 그러나 쓸데없는 인연을 만들지 않 고 삶에 집중한다.
5. 책을 낸다.
6. 큰 세단을 탄다. - 해치백을 10년 넘게 너무 오래 탔다.
7. 나의 콘텐츠를 만든다.
8. 하기 싫으면 안 한다.
9. 돈 받으면 하기 싫은 거기쁜 마음으로 한다.

정말로 상상하면 된다. 끌어당김의 법칙이 있다. 그러므로 나쁜 걸 상상하면 안 된다.

내가 과연 될까? 내가 이렇게 좋을 리가 없어. 또 안 되겠지. 이 행복은 얼마 못 갈 거야. 불안해. 이런 생각을 하면은 정말 이루어진다. 그리고 남에게 나 쁜 마음 먹으면 안 된다. 특히 난 나쁜 마음 먹으면 그 상대방이 정말 나쁘 게 된다. 흑마술사는 아니지만 안 그럴려고 노력한다. 특히 나를 건드리면 좌 초되거나 아프거나 낙마된다. 아… 자꾸 떠 어르네…

쓸데없이 에너지를 다른 사람이 안 되게 하고. 망하게 하는 데 쓰면 안 된다. 그 이유는 정작 내가 되고자 하는 에너지를 쓸 수 없게 된다. 그래서 사람을 미워하지 말고. 원수를 용서하라는 말은 그런가 보다. 내가 되고 싶은 게 너 무 많고 할 일이 많은 데 남 걱정 남 신경 안 쓰는 게 좋다.

못 올 거라 했지만 뉴욕에 왔다. 아마 직장에 계속 다니고 있었으면 오기 쉽지 않을 거다. 그러나 한 달 일정으로 왔다. 내가 무엇을 할지 모른 채 그냥 왔다. 이루어진 거다. 그리고 고흐 그림은 "왕창" 봤다. 그의 그림은 런던이나 파리 미술관에서도 봤지만, 이렇게 느긋하게 그의 그림을 본 것은 여기가 처음인 거 같다.

고흐 그림 앞에 나는 차분히, 한참을 서 있었다. 단체관광도 아니고 도슨트 가이드를 따라가는 것도 아니니 나만을 위해 서 있었다. 오로지 나 자신과 고흐만 집중할 수 있었다.

뉴욕 메트로폴리탄 미술관에 있는 고흐 그림은 편안했다. 비가 밖에 억수같이 쏟아져서 그런 건지, 사람이 비교적 적어서 그런 건지 모르겠다. 나도 차분했고 미술관도 차분했다. 그 큰 메트로폴리탄 미술관에 볼 거도 많고 남들한테 이런 거 봤다고 자랑할 만한 미술품과 유물들이 아주 쌓여 있다.

하지만 혼자, 비 맞고 온 뉴욕 메트로폴리탄 미술관의 미술 전시 쪽은 이상하게 차분한 느낌이 있었다. 물론 미술관은 사람이 기본적으로 많다. 북적인다. 이곳은 센트럴 파크와 붙어 있고, 주위에 구겐하임 미술관도 있고, 멋진 뉴욕 아파트들이 많아서 놀러 가기도 좋은 곳이다.

비 오는 날 가만히 서서 고흐 그림을 한 참 봤다. 이것만으로도 나의 여행, 나의 꿈이 한 단계 디딛는 걸 느낀다. 왠지 잘 될 것 같다.

#25. (뉴욕 Museum of Arts and Design) 사람 관계로 지치고 힘들 때

다 때려치고 뉴욕으로

"바로 한 발 옆으로 물러서는 것은 아주 어렵다. 그것을 바로 객관화라고 표현한다. 한발만 물러서면 그 공간이 소주잔 같고 에스프레소 잔과 같은 곳으로 보였다. 어떻게 그렇게 좁은 공간에서 아웅다웅하고 살았을까?"

뉴욕 센트럴 파크와 링컨센터 사이에 작은 디자인 뮤지엄이 있다. 만약 바쁜 뉴욕 관광 스케줄일 경우에는, 굳이 관련 전공자나 전시기획자가 아니면 가볼 필요가 있나 싶다. 물론, 나야 좋았다. 다양한 전시기획과 색깔, 의상전시회를 볼 수 있었다.

"

이렇게 세상은 다양하고 특이하고 낯선 사람이 많은 데, 왜 내가 맨날 보는 지루한 사람들 때문에 피곤하고 힘들어했을까?

주지 스님이 말씀하셨다.

"여기도 사람 사는 곳이라 인간관계 때문에 힘들기도 하고 풀리고 합니다. 어디나 그래요. 세상은…."

깊은 산속 절 주지 스님이 말씀하셨다. 그 스님은 핸드폰 광고에도 출연하셨던 분이다. 아… 나만 인간관계 때문에 힘든 게 아니라 삶이 원래 그런 거구나. 많은 사람과 있으면 생기는 일들이다.

오래전, 2천년대 초반, 한류 관련 세미나를 호텔에서 했다. 세미나 종료 후, 엘리베이터를 탔다. 거기엔 키가 아주 큰 여성 두 명이 있었다. 누가 뭐래도 바이킹 혈통의 키가 큰 여자였다. 둘이 대화하는 데, 정말 처음 들어본 톤과 악센트였다. 듣도 보도 못한 톤에 신기한 악센트와 발음들이었다. 낯설었다.

어디서 왔을까? 궁금했지만 그들한테 안 물어보았다. 대신 같이 있던 서울대 인디아나 존스 학과를 나온 김 과장에게 물어봤다. 그는 바로 답했다.

"이 말은 노르웨이 말입니다."

그러더니 김 과장은 그들을 향해 "웨어 아유 프롬?"이라고 물었다. 그들은 노르웨이라고 답했다. 역시 인디아나 존스 학과야 하며 감탄했다. 지금은 각국에서 방문하는 메트로 폴리스 서울이니 신기할 게 없다. 유튜브에도 다양한 인종의 사람들이 한국소식을 전하고 있다. 하물며 뉴욕이나 파리에 가면 다양한 인종의 사람들이 다닌다. 보는 것만도 신기하다. 정말 많은 사람, 피부색, 키, 의상들이 있다. 정말 자연사 박물관 같다.

특히 파리 개선문에서 샹젤리제 거리, 루이뷔통 건물 이쪽에는 중동의 사모님을 보는 재미가 있다. 누가 봐도 석유부자 멋쟁이들이다. 그들의 옷과 액세서리들이 독특하다. 차도르나 히잡도 다양하고 색도 꽹장히 다양하다.

이렇게 세상은 다양하고 특이하고 낯선 사람이 많은 데, 왜 내가 맨날 보는 지루한 사람들 때문에 피곤하고 힘들어했을까? 그냥 사람들과의 관계는 그러려니 하고, 월급이나 받자면 될 텐데. 난 좀 더 사람들과의 관계에서 때로는 무시하는 법을 배웠어야 했다.

뉴욕도 역시 사람들의 모습이 정말 다양하다.

런던에는 흔한 데 여기 뉴욕에도 터번을 두른 경찰도 꽤 있다. 그리고 망사에 스키니 입은 남자 등등…. 센트럴 파크 앞 디자인 회관(?)에 난해한 의상을 전시해서 그런지 모던하고 대까당스한 옷 입은 관람객도 있다. 아프리카 토속옷 같은 데, 뒤에서 보면 옷을 안 입었나 하는 느낌…. 전시도 좀 난해한 아트, 의상작품이었는 데 보러 온 관람객을 구경하는 것만으로도 만족했다.

정식 명칭은 Museum of Arts and Design이다. 찾기 쉽다. 메트로폴리탄 뮤지엄처럼 광활하게 생각하면 안 된다. 생각보다 작다. 센트럴 파크 건너편에 있다. 입장료는 어른 16$이다. 나는 엄연히 이번 학기에 박사 수료를 했으므로 학생증을 보여주었다. 12$이다.

뉴욕의 의상은 그냥 그러려니 해야 한다.

실제로 그냥 그러려니 한다. 독특한 것도 눈길 가는 것도 없다. 그냥 자기 편한 대로 입고 다닌다. 여름에는 지금 더우니까 탑브라에 반바지 입고 다닌다. 그러나 칼라풀한 도시 답게 원색의 실키한 치마나 바지를 입은 것도 많이 봤다. 이뻤다. 검은색에 흰색 또는 검은색에 검은색인 서울 도시에 비해 훨씬 이뻤다. 그리고 키도 크고 글래머한 할머니도 샤키 블루의 파란색 빛나는 요가복은 아니고… 울트라맨, 그것도 아니고 이상한 제복 스타일인데 딱 달라붙은 의상도 기억한다. 멋있었다.

오피스룩의 정석은 브룩필드 플레이스에 앉아서 구경만 해도 된다. 거기에는 증권 사무실과 더불어 루이뷔통, 에르메스부터 각종 레스토랑이 즐비하다.

세상은 넓다. 좁디좁은 에스프레소 찻잔에서 직장 동료 상사 후배들과 골 아픈 것도 잠시 잊자. 스님이 찻잔을 주시며 기억한다

　　　"사람 관계가 원래 힘들어도 지나가서 보면 별거 아냐"

#26. (세인트 바트 교회) 남을 위해 기도하는 걸 너무 늦게 배웠다.

다 때려치고 뉴욕으로

"내가 성공하고, 잘 된 것은 내가 열심히 해서 된게 아니다. 누군가 나를 위해 열심히 빌어주고 기도해 주어야만 한다. 나는 늦게나마 내가 스스로 기도를 해야 한다는 것을 알았다. 그러나 남을 위해 기도하는 건 너무나 늦게 배웠다."

세인트 바트 교회는 St. Bart 교회로 세인트 바르톨로뮤 교회의 약자라고 한다. 성공회 계열 교회라고 하는 데, 세계 톱 10에 들어갈 만한 대형 오르간이 있다고 한다. 파크애비뉴 50 street에 있는 데, 지나가다 한 번쯤 들려볼 만하다. 단, '지나가다 '이다.

66
다 큰 어른도 문득 엄마 생각이 나곤 한다.

(아래 - 우연히 뭣도 모르고 들어가 교회에서 준 공양 밥을 얻어먹음- 세인트 바트 교회)

나는 지나가다가 무슨 행사나 전시회가 열리면 무작정 들어가 본다. 특히 외국에서도 사람들이 우르르 어디를 들어가면 무작정 들어가 본다. 그랜드센트럴 터미널 가는 길에 우연히 들린 이쁜 교회가 있었다. 사람들이 많길래 나도 들어가 보았다. 안에서는 무슨 행사가 있었는지, 음식을 나누어 주고 있었다. 나는 공양밥 얻어먹는 기분으로 영문도 모르고 음식을 받고 앉아서 천천히 음식을 먹었다. 친절한 교회분들이 내게 음료수도 갖다 주었다. 행운이었다. 나는 교회에 들르기 전에, 많이 돌아다니며 걸어다니라 힘들었다. 그런데 이곳에서 앉아 쉴 수도 있고, 음식과 음료수를 공짜로 먹고 있으니 기분이 좋아졌다. 먹으면서 교회의 벽면과 천장을 바라보았다. 당연히 곳곳에 신성한 기분이 들게끔 장식되어 졌다. 교회의 천장에 그려진 그림을 보니 엄마가 생각났다.

이 나이에 여기까지 와서 다 큰 어른이 무슨 엄마 생각이 나냐고 할지 모르겠다. 다 큰 어른도 문득 엄마 생각이 난다.

할머니도 그랬지만 엄마도 아침에 일어나 보면 늘 무언가를 중얼거리며 기도를 하고 있었다. 나는 대수롭지 않게 보였고, 중년 여성들의 우울증에도 좋고 뭐 그런 거로 생각했다. 그러나 엄마의 기도는 진심이었다. 내가 사회에 조금이나마 기여할 수 있게 하고, 다치지 않고 잘 살아온 것은 모두 엄마의 기도 덕분이었다. 난 엄마의 기도로 자랐다. 그러나 내가 엄마의 기도 덕분이라는 것은 나중에 돼야 알았다.

내가 휘청거린 것은 엄마가 기도하는 법을 잊어먹을 때부터인지도 모른다. 어느 날 나는 집에서 기도하지 않는 엄마를 보았다. 나는 엄마에게 치매가 온 걸까 생각했다. 역시나 병원에서도 그렇다고 말했다. 엄마는 기도하는 법을 잊어버렸다. 나는 그제야 스스로 기도를 해야 하는 법을 배워야 했다. 이제는 내가 엄마를 위해 기도해야 했다.

그러나 나는 남을 위해 기도하는 법을 몰랐다. 나는 너무 늦게 배웠다. 그래서 지금까지도 서툴지 모르겠다. 아니 너무 서툴다. 게다가 남을 위해 기도하는 시간은 결국, 나를 위한 시간이라는 것도 늦게 알았다.

나는 엄마와 주위 사람 모두에게 기도했다. 그리고 나를 위해 기도를 했다. 먹고 마시고 기도를 했다. 교회를 다니지 않지만, 뭔가 충만하고 축복받은 하루가 된 거 같았다.

Chapter 3. 난, 너의 얼굴을 멀리서도 찾을 수 있어.

다 때리치고 뉴욕 뉴욕에서 마인드 셋!!

#27. (뉴욕 어디든) 한번도 널 잊은 적 없어

한번도 널 잊은 적이 없어
아침에 깰 때부터 저녁 침대로 갈 때까지

뉴욕으로 티켓을 보냈는데 답이 없군.

언제나 네가 기억나.
홍마트에 얼음 위 가득한 생선가게를 지나칠 때
기차역 앞 스트릿 재즈가 들릴 때
이쁜 집 위에 지붕 위를 볼 때마다 네가 생각나

와인에 어울리는 치즈를 볼 때도
미술관 계단에 카펫을 밟고 갈 때도
언제나 네가 생각나… 야옹~

〈사진은 뉴욕 펜스테이션 모습〉

다 때리치고 뉴욕

#28. (뉴욕 펜실베니아 역-펜 스테이션) 여기서 널 기다릴게

기분 좋아졌어. 항상 내가 움직이고 이동하는 기준은 뉴욕 34번가. 펜스테이션(펜실베니아역)이 새롭게 개장했거든. 내가 있는 곳에서 일단 뉴욕 시내로 가려면 여기 Pennsylvania station···. 간단히 짧게 그냥 Penn station이라고 하는 데, 여기서 내리거든

주말 금, 토, 일에는 집구석에만 처박혀 있었어. 집에 있으면서 왜 때리치고 서울 집에 있으면 되지 뉴욕까지 왜 왔나 싶지만··· 어쨌든 미술관 갔다가 돌아오는 길에 펜스테이션이 이렇게 화려하게 개장했는지 몰랐다. 공사 중이어서 곧 개장한다고 했는데, 이렇게 멋진 줄···.

아침에는 그냥 다른 길로 빠져나와서, 계속 공사 중인 줄 알았나 봐. 이번엔 어떻게 어떻게 오게 되니 새롭게 리뉴얼된 펜실베니아역에 왔어. 늘 기차를 타던 출입구하고 반대 방향인가 봐. 여기는 지난 주말에 오픈한 거 같다.

사실 어떻게 왔는지 모른다. 난 아직도 뉴욕 지하철이 적응이 안 되는 데, 그냥 구겐하임 미술관 있다가 용케 버스 타고 지하철 타고 내려보니 이상한 곳이었다. 알고 보니 내가 매일 다니던 펜 스테이션 아닌가.

깔끔하고 새롭게 오픈한 역 때문에 기분 좋아졌어. 그리고 여기 2층에는 무슨 대법원 같은 오피스들이 있는 데, 알고 보니 우체국이다. 여기서 편지나 택배 보내면 된다. 우체국도 너무 멋있다. 깨끗한 로비, 공항 같은 대합실, 그리고 당연히 여기 실내에서는 재즈가 흐르네···. 블루보틀과 버거 조인트 등 먹고 싶은 거도 웬만하면 여기 다 있어. 나는 지친 여행길에 당연히 칵테일 한잔했지.

다 때리치고 뉴욕

여기서는 남자들은 주로 맥주를 마셔. 내 양옆으로는 백인 오피서들이 앉아 있었고, 맞은편에는 한국인 여성 둘인 듯한데, 모르겠다. 나는 앉아서 그냥 소음을 즐겼어. 핸드폰도 방전돼서 아무것도 할 수 없으니 그냥 앉아 있는 거지 뭐. 나는 시원하게 글라스로 화이트 와인을 시켰어.

바텐더가 뭐라 뭐라 세 종류의 와인을 이야기한 거 같다. 프랑스식 와인 이름을 빠르게 영어로 설명하는 것 같았는데, 난 하나도 몰라 들었어. 이럴 땐 알지? 어떻게 답하는지. 난 그냥 "first"라고 답했어. 그 친구는 "굿" 그러더니 훌륭한 와인을 줬어. 맛있네:

소음을 즐겼어. 6시 10분 기차를 6시 42분 기차로 바꿔 타기로 하고 더욱 가만히 앉아 뉴욕을 즐겼어. 그렇지 이게 뉴욕이지. 칵테일바에 혼자 앉기. 소음을 즐기기, 막연히 기차 기다리기.

그리고 나는 막연히 여기서 누군가를 기다렸으면 좋겠다는 생각을 했어.
널 기다릴게. 펜실베이니아 역에서
PS. (참고로 뉴욕 펜실베니아역이야. 펜실베니아주 펜실베니아 역이 아니야…. 그리로 오지마)

#29. (뉴욕 자연사 박물관) 난, 너의 얼굴을 멀리서도 찾을 수 있어.

빠리

빠리에 오리엔탈 박물관이 있다. 에펠탑 근처인데 그냥 지나가다 들렸었다. 전시는 그때 부처였다. 아시아의 수백 개 부처상이 전시됐다. 집채만 한 캄보디아 불상, 사람만 한 중국의 불상, 희한한 체위의 글래머러스한 티베트 밀교 불상이 있었다.
그런데 저 멀리 작은 불상이 보였다. 직감으로 다가왔다. 그 하나가 한국불상이겠구나. 얼굴을 보니 알 거 같았다.

가고시마

일본 가고시마 바닷가 남쪽에 평화기념관이 있다. 그곳은 가미카제 특공대가 출발한 곳이다. 다시 말하면 2차 세계대전 때 미국 항공모함으로 돌진하는 자살특공대의 출발지다. 그냥 느낌 없이 둘러보았다. 남의 나라 전쟁이었기도 했고, 꼭 자기들이 전쟁 일으켜 놓고 애니메이션 "추억은 방울방울"처럼 피해자 코스프레하는 것도 꼴 보기 싫었기 때문이었다. 문 앞에서 서성거리고 있는 데 저 멀리 전시관 끝쪽에 무언가 보였다. 저쪽 벽 끝에는 가미카제 탑승한 조종사의 유서와 인적사항이 적혀있었다. 크기가 증명사진만 한 사진도 붙여 놓았다. 난 멀리서 희미한 증명사진 보고 즉각적으로 알 수 있었다. 그는 조선인이었다.

눈이 나쁜 나였지만 단번에 멀리서도 알 수 있었다. 가까이서 출생 주소를 보니 조선인이 맞았다. 젊은 청년, 엘리트 청년들의 죽음이 너무 안타깝게 느껴졌다. 청춘이 너무 아까 웠다. 남의 나라 전쟁에서 왜 조선인이 죽어야 하나

했다. 일본군 신분이었으니 단순히 친일파라고 하기에는 너무나 그 청춘이 슬펐다.

멀리서도 우리의 얼굴은 우리가 알아본다. 하물며 너의 얼굴도 멀리서 찾을 수 있다. 그래서 너의 얼굴을 지켜야 한다.

물론 가끔 내 얼굴을 잊어버리고 만다. 바빠서 그렇고 평지풍파 공중전 수중전 육박전을 거치며 자신의 얼굴을 까먹는다. 그래도 자신의 얼굴을 매일 찾아야 한다. 몸이 정신과 마음을 드러내는 데, 가장 잘 드러내는 것은 얼굴이다. 퀭한지, 눈이 충혈됐는지, 이빨이 왜 누렇게 변화했는지, 눈 밑이 푸른기가 도는지도 봐야 한다.

얼굴로 불운의 징조를 알아도 바빠서 지나친다. 하는 거 없이 바빠지는 것도 불운의 시작이니까. 그래서 여유를 갖고, 깨끗한 얼굴로 해야 행운이 찾아온다. 그래서 나의 얼굴을 매일 찾아야 한다. 그러나 바쁜 인생으로 내 얼굴을 잃어버리고 만다.

하지만 얼굴을 잃어버려도 걱정 마시라. 멀리서도 당신의 얼굴을 찾을 수 있으니까. 다시 찾을 수 있다. 그러니 무릎 꿇지 말고 다시 일어나서 자신의 얼굴을 찾으면 된다. 찾을 수 있다. 왜냐면 우리의 얼굴이니까 쉽게 알아보기 때문이다. 인생이 힘들어도 찾을 수 있다.

뉴욕에서 나와 비슷한 피부를 볼 수 있는 곳은 코리아-차이나 타운 외에도 뉴욕 자연사 박물관이 있다. 거기 가면 인디언과 툰드라 동양인을 볼 수 있다.

영화 '박물관은 살아있다 ' 배경 장소이기도 하다. 1편에서 동양인 훈족이 나오는 데, 아주 사납게 그려졌다. 왜 그럴까 궁금했다. 개봉 당시 한국에서 구글이 보편화 되지 않았던 때다. 그래서 예전 회사에서 같은 팀 김 과장에게 물어봤다. 그는 서울대학교 인디아나 존스 학과를 나왔다. 김 과장은 훈족에 대해 줄줄 읊었다. 역시… 인간 구글… 서양사에서 훈족이…. 무서운 이유가 있구나…. 로마제국에서 야만인 게르만족보다 더 무서운…. 게르만족도 벌벌 떨었다는 부족…. 훈족이 지나가면 마을이고 뭐고 흔적도 없애버렸다는 기록이 있었다.

여기 박물관에 오면 훈족 전시관을 못 봤네…. 있는 건가? 그래도 인디언과 알래스카, 시베리아 툰드라 인디언들의 마네킹을 볼 수 있다, 그리고 동물들과 지구까지 볼 수 있다. 지구도 나의 모습이니까. 그리고 지금은 글로벌하게 교류하니까 크게 신기한 게 없을 수 있다. 그런데 여기 자연사 박물관을 보러 온 각 나라의 의상들이 더 문화의 다양성을 느낄 수 있다.

아…. 그리고 전시 기획하는 사람은 꼭 와야 한다. 여기 촌스럽게 마네킹으로 전시한 것 같아도 카테고리 나누는 것과 설명, 전시모형 등은 당연히 수준급이다. 특히 전시관 안에 사슴모형과 그 뒤쪽 배경 그림의 원근감과 사실감은 정말 탑이다. 쓸데없이 디지털 홀로그램보다 더 입체감이 있다.

다 때리치고 뉴욕

#30. (뉴욕의 다양성과 포용성) 안아줄 때 제일 행복해

따르릉…. (이렇게 쓰는 거 보니까 난 정말 구식이다. 요새 어떻게 전화 온 걸 의성어로 표현해? 알려주세요)

카톡 영상통화다. 내가 머무는 뉴욕의 집주인이다. 그는 한국에 있다. 집주인이고 인생 선배이고 내 예전 회사의 입사 동기이기도 하다. 그리고 내게는 귀인이기도 하다. 나는 전화를 받기 전 심호흡을 했다. 방금 내 주변 상황을 점검했다. 이렇게 말해야지

1. 난 아프지 않다
   - 괜히 집에 왔는데 아프다고 하면 누가 좋아해. 역병까지 옮기는 거 의심할 수도 있고
2. 집 잘 보고 있다. 집에 열쇠를 두고 잠근 적 없다….
   - 창문을 뜯거나 그러지 않았다. 사실…. 아침에 열쇠 없이 나갔다가 문이 잠겨 곤욕을 치렀다. 창문을…. 살짝….

영상통화를 받았다. 집주인은 대번 나를 보자마자 말했다.

"너 목에 수건을 왜 둘러? 목 아프구나…. 너 이마에 검게 묻은 건 뭐야? 너 지하 창문으로 기어들어 갔구나"

"어…. 그게…. 어떻게 한 번에 맞추지? 나의 상황을…."

전화로 형은 감기약이 어디 있는지, 정전 대처 방법 등 소상히 알려줬다. 정말 복 받을 거야…. 어쨌든 이 집주인 덕분에 뉴욕에 왔다.

좌우지간 선배님 덕분에 뉴욕에 잘 있다고 하고 전화를 끊었다. 있어 보니 생각한 뉴욕과 낯선 뉴욕이 있었다. 내가 여기서 본 뉴욕의 인상은 그랬다. 뉴욕의 화장실이 내게 모든 걸 말해주었다.

뉴욕의 첫인상은 세 가지였다.

첫째로는 환승 대기 공항 안에 반려견 화장실이 있다.

친 동물 정책이다. 반려견 정책
LA에 들렀다 왔는데, 공항은 그냥 개랑 같이 다니고 있었다. 공항 안에서 말이다. 강아지를 목줄만 채웠을 뿐 그냥 비행기 대합실에서 개들과 왔다 갔다 했다. 실제로 비행기 안에서도 내 뒤에 강아지가 앉아 있었다. 뉴욕 공항(여기서 그러니까 입국심사 저 너머 안에)에는 반려견과 주인을 위한 별도의 화장실도 마련되어 있다.

〈공항 안에 있는 반려견 동반 화장실〉

다 때리치고 뉴욕

두 번째로는 다양한 젠더를 위한 화장실이 별도로 있다. 또는 차별반대 팻말도 집 앞에 걸어두었다.

즉 화장실이 세 개다. 남성, 여성, 젠더와 상관없이 누구나 쓰는 화장실이 있다. 특히 여성의 몸에 대해 여성 스스로 결정하는 법 이슈 때문에 미국이 시끄러웠는데, 뉴욕은 당연히 "여성의 자유"를 선택했다. 물론 모든 화장실이 세 가지 종류로 되어 있는 건 아니다. 오히려 이건 캘리포니아가 더 많은 것 같긴 한데….

〈집 앞마당에 있는 차별반대 피켓〉

세 번째로 차별반대 표지판이 집 앞마당에 많다. 집 마당에 개인이 걸어둔 거다

집마다 성조기나 아니면 작은 레인보우 표지판이 붙여져 있다. 동성애 평등을 위한 레인보우 표지판이나 차별반대를 위한 표지판이 자연스럽게 집마다 붙어 있다. 뉴욕이어서 그런가? 이렇게 붙여 놓고 보니 생각이 다양하고 그걸 또 이렇게 표현하는 게 대단하다고 생각했다.

이렇게 작은 공간의 입간판 하나가 도시의 이미지와 색채, 철학을 나타내기도 한다. 우리는 사는 공간은 어떤 곳일까? 너랑 나랑 다른 계급 사람? 다른 젠더?

성공한 제국의 군대는 그 의상이 달랐다. 왜냐면 장수들의 민족이 서로 달랐기 때문이다. 오직 실력으로만 기용했다. 로마제국이, 징기스칸 제국이 그랬다. 그게 다양성과 포용성의 힘이다.

LA에서 뉴욕으로 날아갈 때 뒤에 앉은 강아지가 귀여웠다. 강아지는 행복하겠다. 주인이랑 뉴욕에도 가고, 서로 비행기 안에서 안아 줄 때 얼마나 행복할까?

#31. (뉴욕의 맛있는 도넛 가게) 상대방이 힘든 건 내 관심 밖이었다.

옷이 아주 더러워졌다. 입지 못할 정도로.

왜냐면…. 음 말은 못 하겠고. 어쨌든 열쇠가 없었는데 다행히 뉴욕의 숙소인 내 집에 들어왔다. 그 과정은 조금 부풀려 말하면 리와인드한 쇼생크의 탈출이라고나 할까.

....

집에 겨우 들어간 후, 집주인인 선배와 통화를 잠깐 했다. 그리고는 일단 정신을 차리고 동네의 델리로 가서 커피와 빵을 먹었다. 약간 감기 기운이 있지만 나가서 햇볕도 쬐고 싶었다. 그리고 아점도 간단히 먹기로 했다.

처음 들어간 이 집은 커피도 맛있고 빵도 좋네. 이 집도 괜찮네. 맛난 빵집은 뉴욕 여행책이나 블로그에 많이 나왔다. 내가 나이가 들어서 그런가 아니면 입맛이 변해서 그런 건가? 아니면 정말 맛있는 데를 못 찾은 건가. 뉴욕 빵 맛에 큰 감동이 없어졌다. LA에 사는 큰 누나 말이 맞는 거야?

"파리바게트가 미국에서 제일 맛있어."

맞다. 조카가 LA에서 맛있는 커피집을 데리고 간 곳도 부산에서 유명한 모모스 커피를 원두로 쓴 집이다. kumquat이라는 커피숍인데 아침 9시인데도 줄을 섰다. 마셔보니 알겠다. 어차피 미국은 달디 단 도넛을 먹기 위해 쓴 커피를 마시는 거니까. 이런 향기로운 커피를 맛보기는 쉽지 않겠지. 산미 있고….

이 커피는 한국의 느낌이 났다. 물론 모모스 상표를 보고 말하는 거지 블라인드 테스트를 하면 모를 것이다. 캘리포니아 뙤약볕 아래 먹는 커피는 맛있었다. 커피숍 이름도 낑깡(금귤/kumquat)…. 캘리포니아 오렌지도 아닌 낑깡이라는 표현이 마음에 들었다. (나 어릴 땐 낑깡이라 해야 알아듣지 금귤은 모른다)

뉴욕의 타임스 스퀘어를 기준으로 메시 백화점 쪽으로 내려가면 파리바게트가 있다. 참조하시길, 반대로 타임스 스퀘어에서 걸어서 센트럴 파크까지 가면 그 끝에 빵집이 하나 있다. 나는 다리 아파서 쉴 겸 거기서도 커피와 도넛을 먹었었다. 벨기에 빵집이라고 해서 사람이 많고 유명한 집이란다.

난 그냥 다리 아파서 커피 한잔하려고 들어갔다. 거기서 나는 뜨거운 블랙커피와 프렌치 도넛을 시켰다.

프렌치 도넛은 도넛에다가 크림을 듬뿍 얹은 것이다. 우리가 프랑스에서 안 먹어봤겠니 벨기에서 뭘 안 먹어봤겠니 하고 허세를 혼자 부리며 먹기 시작했다.

으음…. 마리또조구나…. 이 마리또조는 당연히 부암동에 있는 빵집하고 일산에 있는 빵집이 내 마음속에는 아직 넘버 원 투를 차지하는 데,, 강남에 유명한 그 곳, 줄 서서 먹는 크림 도넛 집은 별로… 하면서 도넛을 먹었다. 그러나 어디 도넛 맛이 중요하랴. 돈 아끼지 말고, 시간 너무 빡빡하게 대하지 말고 여행을 즐기고 사랑하는 사람과 함께 커피와 도넛을 즐기면 되지 뭐

사실 커피 맛 그리고 도넛 맛은 중요하다. 하지만 어디든 가서 먹으면 된다. 즐거운 여행을 위해서라면 좋다. 내가 왜 이 말을 하냐면, 젊을 적에는 빡빡한 스케줄의 여행 계획, 빠듯한 예산으로 여기저기 다니느라 커피의 여유를 잊어버렸다. 커피도 유명한 데를 찾아서 먹어야만 하는 줄 알았다.

그럴 필요 없다. 다리 아프면 잠시 쉬고, 목마르면 들어가서 커피 한잔하면 된다. 아침에 마셨으면 점심에도 먹으면 된다. 그리고 사랑하는 사람이나 가족들과 여유롭게 먹고 마시면 된다. 그러나 젊을 때는 그런 것을 몰랐다. 관광일정으로 상대방이 힘들어하는 데, 잠깐 커피 마시며 쉬면 될 것을 혼자 강행군하다가 연인과 싸움만 났다. 켈리하고도 그래서 틀어지기도 했구나. 왜 커피 한 잔의 여유를 그때는 몰랐을까? 내 마음속에서 소리가 들리는 듯했다.

"젊을 땐 상대방이 힘들어하는 줄 몰랐다. 내 목표가 중심이었으니까.
바쁘게만 살아온 나.
그렇다고 이제야 남는 게 뭐였지?"

그렇게 함께 먹어야 진정 맛있는 커피집이고 도넛 집이다. 지금 나 혼자니까 별맛이 그저 그런 건가…. 사실 맛있는 건데. 이 글이 낡였다고 생각하지 마시기…. 뭐 중요한 정보가 있나 하고 말이다. 있다. 뉴욕에는 도넛 가게가 많다. 그러니 아무 데서나 즐기시라.

그리고 앞서 말했듯이 내가 있는 동네에 베이글은 너무 맛있다. 직접 구운 베이글이 이럴 수가!!! 그렇다고 맨해튼에서 한 시간 걸려서 올 필요는 없을 정도이다. 그러기에는 뉴욕 관광시간이 아까울 것이다. 뉴욕 펜스테이션에서 롱아일랜드 기차를 타고 40분 걸려서 종점 포트 워싱턴에 내려서 우측으로 걸어가면 있다.

아 맞다. 예전에는 강남에 뉴욕 제과가 있었다. 지금도 있나? 없지? 핸드폰이 없던 시절, 그때는 강남에서 만나자면 그냥 뉴욕 제과 앞이었다.

이미 오래전부터 한국 사람들은 뉴욕 베이커리를 경험하고 있었다.

#32. (뉴욕의 햄버거) 뉴욕은 햄버거 천국, 그 천국의 열매를 먹지 못한 나

다 때리치고 뉴욕

여행은 함께 가야 한다.

그래서 가족이 중요하다. 젊어서 친구랑 가지만 장거리는 아무래도 가족이다. 물론, 연인은 가족에 포함된다. 왜냐면 여행은 맛있는 거 먹고 수다 떨고, 저녁에는 와인으로 마무리하는 게 기본 아닌가.

그런데 난 무언가? 요새 혼자서 음식 주문하는 것도 힘들다. 뻔뻔한 내가 왜 그러지? 나는 주문이 두려웠다. 음식 주문할 때, 샐러드바에서 뭐 담는지 이것저것 물어본다. 이것도 피곤…. 이번 여행은 왜 이렇게 쫄지? 간단히 먹을 곳으로 쉑쉑 버거를 먹었는데도, 용산역 쉑쉑 버거보다 별로였다. 차라리 잠실 쪽에 차고 햄버거가 백만 배 나았다.

또 다른 곳의 햄버거 가게에서 양파 썰어놓은 것만 먹었다. 볼프강 옆, 뉴욕타임스 1층에 있는 버거집이다. 이름은 슈니퍼스 schnippers….

햄버거집에서는 당연히 고기 굽기 정도 물어보고, 그다음 뭐 넣을 건지 물어본다. 그냥 예전에는 all…. 아니면 works 뭐 이렇게 하면 되는 데, 내가 오니언? 뭐 이런 부분에서 끄덕거렸나 보다. 결국에는 미디엄 웰던 패티에 아무런 소스도 없이 이효리의 큰 귀걸이 같은 양파 조각 두 개, 세 개만 넣은 햄버거를 먹었다. 아… 퍽퍽함은 정말

혼자 가는 여행은 밥맛이 없다. 뉴욕에는 맛있는 버거와 고깃집도 많지만, 야채주스나 샐러드바가 많이 생긴다. 비주얼도 좋다. 채소나 이런 거를 수북이 쌓아 놓고 직접 썰고 믹서에 갈아놓아서 시각적으로 식당의 미감을 돋보이게 한다. 일반 마트 같은 곳에서도 채소-과일주스도 직접 갈아서 많이 판다. 그

리고 관광지 어디든 남미 계열의 사람들은 망고나 과일, 채소를 간식용으로 비닐에 담아 판다. 그런 것도 먹고 싶은데, 어디서 어떻게 이야기할지 몰라 혼자 머뭇거리다가 나온 적도 있었다. 브루클린 다리 전에 있는 채소 샐러드 가게는 정말 맛있어 보이고 사람도 많은 게 활기차 보였다.

나이 들어서 그런 건지, 혼자 가서 그런 건지, 맛난 곳을 안 가봐서 그런지 모르겠다. 물론 블로그나 여행책 보면 맛집 정보는 넘쳐 난다. 누가 모르는 거. 혼자 굳이 찾아가기가 피곤한가. 그리고 또 지나가다 보면 한눈에 봐도 여긴 맛있겠다 하는 곳이 많다. 특히 소호 쪽 그 동네에 있는 모든 술집, 이탈리아 식당은 다 들어가고 싶었다.

뉴욕타임스 건물 쪽에 볼프강 스테이크 집이 있다. 청담동에 있는 볼프강 스테이크 집을 내가 뭐 하러 혼자 가겠는가. 당연히 맛있겠지. 볼프강은 뉴욕타임스는 버스터미널 근처이니 찾기도 쉬울 것이다.

〈뉴욕에 있는 뉴욕타임스〉

다 때리치고 뉴욕

Chapter 4. 난, 자유의 여신상 왼쪽 새끼발가락 밑에서 헤어졌어

다 때리치고 뉴욕 뉴욕에서 마인드 셋!!!

#33. (뉴욕 월스트리트의 금융가) 당신의 스물은 어땠어요?

나는 심부름(?)으로 맨해튼에 가는 길이었다

.

경제의 중심 월스트리트, 월 스트리트의 중심 골드만 삭스로 가고 있다.
서울에 김 언니(나와 '김' 선배 사이가 언니 동생 수준이니 그렇게 설명하겠
다) 부탁이다. 김언니가 '선배 A' 한테 선물 보낼 게 있다면서 뭘 내게 맡겼
다

나도 대학 1학년 때 먼발치에서 한 번 "그 선배 A"를 본 거 같다.

참고로 나의 대학 1학년은 한국이 대통령을 국민 투표로 뽑기 시작한 지 불
과 4년밖에 지나지 않았다. 어쨌든 대학 1학년, 내가 스무 살 때 본 선배 A
얼굴이 어렴풋했다. 만나면 나도 학교 후배니까 밥도 사달라고 해야지 할 참
이었다. 그분은 날 모르겠지만 말이다.

아 나의 대학 1학년, 스무 살, 나의 20대는 또 어땠을까? 당신의 스무 살은
어땠을까?

그때는 내가 왜 동양철학과에 다니는지 모를 정도였다. 뭘 할지도 몰랐다. 뭐
가 되고 싶은 지도 없었다. 졸업 후에 무엇을 할지도 몰랐다. 국회 쪽 정치계
와 공장(손재주가 없어서), 농사(체력이 없어서)는 안 갈 것이라고만 정했었다.
그냥 졸업하고 취직하고 사랑하고 결혼하고 뭐 그럴 거로만 생각했던 스물이
었다. 사랑도 뜨거웠고, 친구들과 크게 노래 부르면 즐거웠던 그냥 스물이었
다. 그러나 시대의 공기와 사회의 흐름, 그리고 할 수 없이 했던 전공과목들
이 지금의 나를 만들었을 것 같다.

지금도 사회의 분위기와 트렌드가 지금의 스무 살을 만들고 있겠지. 사회적 트렌드는 나 자신도 모르게 자신의 진로와 꿈에 스며든다.

예를 들면 영화매거진 〈씨네21〉이 그때 즈음 창간했다. 즉 시민들의 민주 의식과 정치적 파워가 영화와 엔터테인먼트 등 문화 쪽으로 터지기 시작한 출발점이다. 그런 시대 흐름에 우리 동양철학과 30명 동기생 중 5명이 엔터테인먼트, 미디어 쪽에 있다. SM에 '시인 킴', CJ ENM의 '학보사 킴', 영화 촬영감독 부영, 그리고 나 포함하면 많은 편이다. 오마이뉴스에 '언제나 젊은 영'…. 이러면 다섯 맞구나.

그리고 그때 개인 퍼스널 컴퓨터가 보급됐다. 인터넷 시대가 도래하였다. 그래서 동기 중에 초기에 PC방을 차려 돈을 벌었다. 중국 성장이 시작되면서 동양철학(주로 중국철학 위주)답게 신촌에서 양꼬치로 대박친 후, 지금도 서초동에서 양고기꼬치 집을 하고 있다.

어느 날, 뉴욕 집에서 혼자 블로그를 쓰고 있는데 김언니가 내게 연락을 했다.

"A 선배가 심각히 아프셔서 못 나가신대, 다른 사람 B한테 전해주면 그분이 선배 A에게 전해줄 거야. 네가 B에게 전해줄 수 있겠니?"

그래서 지금 월스트리트로 지하철 타고 내려서 걸어가고 있다. 선물을 들고 말이다. B라는 사람을 만나기 위해서 내가 직접 가기로 했다.

그러나 선물 전달은 생각해보니 거절해야 했었다. 선물용 차(tea) 안에다가 대마를 넣거나 향정신성 약품을 넣었을지, 지구를 세 번 부술 수 있는 플루토늄을 넣었을지 모르기 때문이다. 그러면 공항에서 분명 시키면 셰퍼드가 나한테 와서 킁킁거리다가 내 가방을 보면서 짖겠지. 난 영문도 없이 잡혀갔을 수도 있다. 플루토늄 소지죄나 향정신성 약품 소지죄로 뉴욕 감옥에서 종신형…

월스트리트에서 만나기로 한 건물을 찾을 수 없었다. 참고로 만나기로 한 월스트리트의 건물에는 회사 이름이나 뭐 그런 간판이 없다. 그 이유는 그전 경제위기 때 시위였다. 월스트리트 시위의 주된 어젠다는 다음과 같다.

"1%가 99%를 갖고 있다!"
1%의 상류층이 인구 재산의 99%를 독점하고 있으니 개혁하자는 뜻이겠지

나는 겨우 만나기로 한 곳을 찾았다. 아까 세 번이나 돌았던 쉑쉑 버거 건물이었다. 로비에서 만나기로 한 사람 B를 기다리고 있다. 한참을 기다리다가 젊은 20대 청년의 한국 얼굴이 보였다. 해맑고 밝고 스마트한 얼굴이었다. 금융가의 슈트 차림으로 다가왔다. 스무 살은 이렇게 밝구나 하는 생각이 들었다. 다행히 한국말 잘하네…. B는 바로 A의 아들이었다.

나는 선물을 잘 전해주고 왔다. 돌아서 헤어질 때 그가 나에게 물어봤다.

"엄마는 대학 때 어떤 사람이었어요?"
나는 답했다.
"응, 아주 멋진 사회주의자였지. 아주 멋진…. 어여 암이 완쾌되시길 바랄게.
나도 기도할게"

#34. (뉴욕 월스트리트의 금융가) 뉴욕에서 개운법, 재복을 불러오다

간판 없는 건물, 골드만삭스 11층 홀에 나 홀로 앉아 있었다.

물론 건물에는 함부로 못 들어간다. 직원 안내로 잠깐 들어갔다. "심부름"으로 갔었는데, 그분은 바빠서 대접은 못 하고 커피 한잔 드시고 가라면서 11층 홀로 안내했다. 그러다 전화를 받더니 급히 회의 있다며 뛰어갔다. 나갈 때는 그냥 엘리베이터 타고 내려가면 된다 했다. 골드만 삭스 건물 11층 전체를 손님 방문이나 미팅을 위한 의자, 그리고 직원용 카페테리아로 사용해서 엄청 크다. 스타벅스도 있다. 난 스타벅스에서 아메리카노 커피를 받은 후 계산을 위해 카드를 줬더니 FOR FREE란다. 알고 보니 옆에서 다들 커피는 각자 따라 마시고 있더라. 아이스 아메리카노하고 주스는 거짓말 조금 보태서 미리 산더미처럼 쌓아 놓았다. 점심시간에 사람들이 마시러 오니까 말이다.

나는 혼자 커피를 마시고 있었다. 유대인 금융의 심장 한가운데 있으니 느낌이 찌릿했다. 다들 월스트리트를 걸으며 다들 돈복을 받아오라 하는 말도 기억이 났다.

돈복을 받기는…. 돈복이 뺏겼지 뭐. 작년부터 미국 쪽 주식 투자한 사람들은 돈복이 아닌, 돈이 날아간 상황이어서 그렇다. 유대인의 돈놀이를 어떻게 이겨. 게다가 뉴욕에 놀러 왔으면 돈이 당연히 나가는 거지 뭐….

물론 난 그 심장 한가운데에 혼자 뻘쭘히 앉아 있었다. 여기는 창밖에서 저 멀리 자유의 여신상도 아래로 보였다. 그렇구나! 여기는 세상을 자기 아래로 볼 수 있는 곳이구나.

월스트리트는 나중에 한 번 더 가야겠다는 생각이 들었다. 월스트리트는 정말 뉴욕 같지만, 또 번잡한 뉴욕이 아닌 듯한 인상이었다. 세계 첫 번째 도시가 뉴욕이라면 당연히 인재들도 첫째가는 사람들이 많을 게다. 그런 의미에서 보면 월스트리트에서 더운 여름에도 모두 슈트와 정장을 입고 다닌다.

하기야 이런 큰 건물에 앉아 있는 것만으로도 개운 법이 되기는 한다.

5성급 호텔 로비, 큰 금융회사의 건물 등 대리석으로 된 로비, 특히 큰 대리석 건물로 된 도서관이 되면 난잡한 생각들을 접어준다~고한다… 그런 면에서는 오히려 월스트리트에서 황소 불알 만지는 것보다 뉴욕 공공도서관에 가는 게 더 나을 수 있다.

예전에 나도 한전 도서관에서 그런 경험을 한 듯하다. (참고로 난 한전 직원이 아니다) 개방된 그 도서관에서 그냥 평소 앉아만 있었다. 그러다 어느 날 장편소설 '로마인 이야기 15권'을 다 읽었다. 그리고 다 읽고 나서 나주에서 서울로 왔다. 그 외에도 운이 좀 트인 것 같다고나 할까. 물론 한전은 나주에 있다. 뉴욕과 나주… 멀구나.

당연히 도서관에 있으면 운이 좋아지지, 나이트클럽에 있으면 운이 좋아지겠나 하실 거다.

클럽에 있으면 좋을 수 있지. 지금이야 학원식 엔터테인먼트 시스템이 잘 되어 있지만, 예전에는 연예인 등용문은 클럽이었다. 거기서 눈에 띄는 경우가 많다. YG엔터테인먼트의 양현석도 그렇고 클론 구준엽 등등 모두 그렇다. 진정 개운한 사람 중 브레이브 걸즈의 제작자 '용감한 형제'의 경우, 밝은 곳에 나와 돈을 잘 버지만, 과거에 '흥겨운 노래가 있는 곳'에 있던 경험은 그가

다 때려치고 뉴욕

본능적으로 대중들의 흥행 감각을 체화한 것 아닌가 싶다. 그게 돈이 되는 거지. 즉 클럽의 어둡고 시끄럽고 번쩍번쩍한 빛을 이기는 기운이 있으면 된다. 음침한 생각으로 접대나 받겠다고 가면 힘들다.

돈은 쫓아가면 안 되고, 돈이 나를 쫓아오라고 한다. 근데 돈이 나를 쫓아오는 것은 무얼까?

돈을 부르는 세 가지 자세 - 나의 경우에 해당된다.

1. 하고 싶은 거 하면 된다. 지금 당신이 상상하는 거 바로 해라.
   - 나는 1999년에 뉴욕 브로드웨이에서 '미녀와 야수'를 보고 한국에서 뮤지컬을 만들고 싶었다. 그러나 아무것도 하지 않았다. 결국, 서울은 뉴욕, 런던 다음으로 오리지널 뮤지컬을 가장 많이 만드는 도시가 됐다.
   - 나만의 방송국을 만들어서 어떻게 편성을 할까 상상을 해본 적이 많다. 그러나 아무것도 안 했다. 그리고 바쁘다는 핑계로 유튜브의 채널도 안 만들었다. 결국, 여러 유튜브 채널에서는 자체 편성을 해서 방송국처럼 운영하고 있다.

2. 내 소명, 미션을 바로 알고 쪽팔리지 않게 돈을 벌면 된다.
   - 나는 래퍼 더콰이엇의 노래 중에 '미션 mission'을 좋아하는 데, 그중 나온 가사다. 맞다. 힙합 대부가 됐지만 쪽팔리는 일로 여기까지 오거나 돈을 벌거나 노래를 부른 적이 없기 때문이다.
   - 쪽팔리는 것은 밑바닥 낮은 일을 하는 것이 아니라 거짓과 사기이다. 그런 돈은 금방 날아간다.

3. 네 손안에 기회를 이미 쥐고 있다.
   - 모든 회사원에 해당한다.

- 딴 데 투자하지도 말고 뭐 하지도 말고 퇴사도 하지 말고 직장 열심히 다녀라… 승진도 재테크이다.
- 그리고 하고 싶은 거 있음 집중해서 공부하고 투자하고 준비해라
- 물론 난 퇴사했다.

어쨌든 이쪽 뉴욕 금융가의 길이 좀 넓고 깔끔하다. 그리고 바로 강 건너에도 부촌이 살고 있으니 좋지. 대서양으로 향하는 곳이고 허드슨강 쪽으로 물이 재물복처럼 흘러오고 있으니 당연히 좋겠지.

나는 대신에 어설픈 체력이나 정신없는 마인드로는 황소동상의 부랄 만지면 오히려 돈복이 뺏길 수 있다고 생각한다.

그래서 몸의 컨디션이 안 좋아서 황소동상은 안 만졌다. 다음 주에 가야지… 왜냐면 많은 관광객의 손때가 묻어 있어 나쁜 기운도 있을 수 있다. 물론, 황소동상의 기운이 용솟음치고, 관광객들의 나쁜 기운, 손때들이 바람에 쉽게 날아가면 좋은 기운이 받을 수 있겠지.

갑자기 뉴욕에서 한국 남해로 날아가기는 뭐 하지만, 정말 기도빨 영험한 곳 남해 보리암의 예를 들어본다. 그곳은 많은 사람이 기도해도 묵은 때들이 사라진다. 사라지는 것은 바닷바람이 있기 때문이다. 또한, 신선한 기운이 계속 바위에서 뿜어져 나온다. 그곳에 꼭 방문하시길

그리고 보니 보리암의 부처님 옆에 있는 남순동자도 내가 닉네임으로 켈리라고 붙여줬는 데…보리암의 켈리는 잘 있나?

#35 (자유의 여신상) 이별에 대처하는 법 - 난, 자유의 여신상 왼쪽 새끼발가락 밑에서 헤어졌어

자유의 여신상에 갔다.

오늘 계획에 없었는데, 먼발치에서 자유의 여신상이 내려 보이길래 가볼까 했다. 골드만 삭스 위에서 보다가 가보기로 했다. 골드만삭스 건너편에는 쇼핑몰 브룩필드 플레이스에 있는 데, 멀리서 배가 지나가는 걸 봤다. 직감적으로 자유의 여신상으로 가는 배라고 생각했다. 그래서 가겠다 마음먹고 가봤다.

그러나 직감적인 것은 직감적인 것이지 논리적이지 않다. 마을버스 타듯 몇 번이나 갈아탔다. 마을버스 같은 노란색 배를 7 딸라 내고 뉴저지에 들렀다가, 다른 섬에 들렀다가 거기서 한참 걸어서 옛날 이민국 같은 곳에서 표를 사고 한참 걷다가 공항처럼 가방 검사하고 또 배를 탔다. 그리고 또 엘리스섬에 갔다가 다시 자유의 여신상으로 간다. 올 때는 "뉴저지" 말고 '뉴욕'으로 가는 배를 타고 배터리 파크로 한큐에 왔다. 보시는 분은 그냥 한 큐에 가는 페리나 크루즈로 편히 가기 바란다.

자유의 여신상을 보니 참 옛 생각이 나도다… 핸드폰도 없던 시절.

상상해봐. 넌 지금 핸드폰이 없어. 상대방도 핸드폰이 없어. 미국에서 어떻게 공중전화를 해야 할지 몰라. 근데 기숙사 번호는 알아. 공중전화를 눌러야 하는 데, 이게 미국에서 어떻게 지역 번호를 눌러야 하는 건지 어떤지 전혀 안 돼. 그리고 상대방은 네가 뉴욕에 온 줄 몰라. 그런데 너는 무작정 미국에 왔어. 태어나서 처음으로 왔어. 영어도 잘 못 해. 핸드폰도 없고 구글맵도 없고, 공중전화를 어떻게 사용하는지 알려주는 블로그도 없어. 과연 어떻게 연락해서 만날까?

난 핸드폰도 없던 시절, 무작정 미국으로 가서 연락해서 만났어.

어떻게 전화했더라? 한두 시간 걸려서 성공한 거 같은데, 장소는 뉴욕 그랜드
센트럴역 공중전화였다. 켈리는 필라델피아에 있다고 했고, 기차 타고 내일
온다고 했다. 기꺼이 와줘서 고마웠다. 그러나 뉴욕은 겨울. 추웠다. 20세기
였었다.

드디어 만났다. 돌아다니면서 이것 저거 구경도 시켜줬다. 우리는 유람선(?)을
타고 자유의 여신상에도 갔다. 기억은 안 나지만 싸웠다. 이유는 기억이 안
난다. 자유의 여신상 새끼발가락이 보이는 부분 밑에서 싸웠다.

멀리서 온 것은, 난 그런 멋있는 사랑이라고 이미지만 그린 것이다. 진정 내
가 어떤 사람이 되고자 하는 생각도 없었다. 이미지만 그렸다. 그리고 어떻게
상대방을 대할지에 대한 생각이 없었다. 그냥 광고 그림처럼 멋진 뉴욕에서
둘이 걷는 이미지만 생각한 것이다. 멋있잖아~ 뭐 이 정도. 나 스스로 가볍다
고 생각했다.

사랑에는 멋진 이미지를 떠올려 보는 것은 그냥 허상이다.

보통 그렇다. 진정한 사랑은 잘 모르겠지만 무모한 사랑이나 이미지로만 떠올
리는 사랑은 오래가지 못한다. 멀리 있으면 당연히 헤어진다. 자연스럽게 헤
어지는 것이다.

지금은 사랑도 쉽고 헤어지는 것도 쉬운 것 같다. 그러나 꼭 그렇지 않다. 만

나는 것도 그렇지만 헤어지는 것도 많은 에너지가 들어가기 때문이다. 사랑하는 데는 굉장한 에너지와 굉장한 용기가 필요하다. 왜냐면 책임감이 따르기에 인내심도 필요하고, 결단력도 필요하다. 누가 뭐래도 "이 사람을 사랑할 거예요"라고 공표하는 것도 쉽지 않다. 그런 에너지를 들이고 싶지 않아 그냥 솔로로 사는 사람도 많다.

평범하게 어릴 때 사랑하는 사람을 쉽게 만나서 결혼하는 사람도 있고, 어떤 경우는 누구랑 사귀는 것조차, 말 걸기도 쉽지 않고 그렇다. 사람의 얼굴이 다르듯 사랑도 너무나 다르다. 그러니 당신의 얼굴이 그 자체로 이쁘듯 당신의 사랑도 그 자체로 이쁘다.

또한, 사랑하는 이유를 말하라면 머뭇거리는 데, 헤어지는 이유는 백만 가지를 말한다. 이별에 대처하는 우리의 자세는 어때야 하나? 가수 이승환에게 물어봐야 하나? 그런데 이별에 대처하는 자세 3가지를 생각해본다.

1. 잘못된 사랑은 일단 끝내는 게 좋다. 예를 들면 속고 속이는 사랑 말이다.
2. 폭력과 생명의 위협에 시달리는 것은 전문 상담 기관 및 신고 기관에서 의뢰해야 할 일이다. 사랑 상담 아니다.
3. 사랑할 때 많이 사랑해두어야 한다. 후회하지 않도록.

나는 그렇게 29살에 뉴욕에서 자유의 여신상 왼쪽 새끼발가락 밑에서 헤어졌다. 그때나 지금 나이 들어도 여전히 이별을 대하는 게 참 쉽지 않다. 스무 살만 지나가도 쉬울 것 같았다. 그런데 나이 들어도 이별은 쉽지 않다. 금연처럼…. 참는 거다. 다만, 나이가 드니 좀 포커페이스가 돼서 안 힘든 척하는 거다.

이별은 힘든 거다. 이기는 방법이 없다. 잘 모르겠다. 사실, 이번 내용에서도 소제목을 이별법이라고 써놓고 지웠다. 모르겠다. 솔직히 이별에 대처하는 법, " 운동하고 뭐 공부하고, 집중하고" 뭐… 이런 거 다 필요 없다. 잘 모르겠다.

그러니 당신도 힘들다면 충분히 울어도 괜찮다. 울어도 된다. 다들 모른다.

이별에 힘들다면 충분히 울라. 그리고….
자 한잔해~ 퍼마셔도 돼.

다 때려치고 뉴욕

#36. (뉴욕의 소꼬리찜) 뉴욕은 소꼬리찜이지

뉴욕 푸드트럭은 여기저기 많다. 바비큐가 먹고 싶으면 Jamrock jerk에 가면 된다.

푸드트럭 바베큐로는 월스트리트의 '브룩필드 플레이스'를 찾아가면 된다. 거기 길 건너에서 트럭 하나 서 있다. 자메이카식 바베큐집이다. 뉴욕 푸드트럭 중에 잘하는 듯. 푸드트럭인데 일하는 직원은 한 8명 되려나. 장난 아니다. 여기…. 줄도 많이 선다.

여기는 밥하고 고기를 얹어서 준다. 바베큐 종류는 닭, 돼지고기가 있는 데 난 옥슨 테일 즉 소꼬리를 시켰다. 추가로 맥 앤 치즈. 종이박스에 날아가는 쌀로 만든 볶음밥하고 고기, 야채. 맥 앤 치즈를 종이 도시락에 담아서 준다. 한국에 젊은 친구들이 먹는 편의점 도시락에는 보면 채소가 없다. 하긴, 고기가 제일 싸다. 대량생산으로 만들 때 말이다. 채소와 고기, 밥을 참 잘 먹이는 시스템을 만들어야겠어… 이건 백종원 님도 했던 말이니까.

어디를 가도 입맛이 없든 지치든 나는 소꼬리 고기로 뉴욕에서 구원을 만났다. 사실, 이 근처 식당은 금융가이기 때문에 아무 데서나 먹어도 중간 이상은 할 것이다. 딱 보니까 여러 식당도 맛이 다 중간 이상은 할 것 같네. 그리고 옆으로 쇼핑몰, 공원, 자유의 여신상, 뉴저지로 가는 페리호 선착장이 있어서 관광객이나 입주민들이 많다. 그래서 먹을 거는 확실하다.

또 하나 소꼬리찜 집을 소개해 보겠다. 바로 홀푸드마켓!!! 나는 뉴욕 공원 브라이언트에서 공개 요가 수업을 등록해서 그쪽으로 갔다. 그 앞에 유기농 제품을 만드는 홀푸드마켓이 있다. 나는 식재료를 풍성하게 파는 곳을 사랑하니까 눈이 휘둥그레졌다. 지친 몸 때문에 채소를 먹고 싶었다. (앞에서 말한 드라이에이징 티본 스테이크도 여기서 샀다.)

종이박스에 몇십 가지 채소나 고기, 튀김, 밥 등을 그냥 담으면 된다. 가서 무인계산대에 계산하면 된다. 그리고 뒤쪽에 앉아서 먹을 수 있게끔 카페테리아도 있다. 나는 홀푸드에서 거기서 내가 먹고 싶은 채소와 블루베리 그리고 소꼬리찜을 담았다. 이 소꼬리찜은 뭐지? 한국의 소꼬리찜 그 맛인데… 카… 너무 맛있었다. 소꼬리찜을 먹으며 생각했다.

맥주 한잔에 소주를 넣었으면 좋겠다. 그리고는 친구들과 함께 마시고 싶다. 카~

#37. (스미소니언 박물관과 트리니티 교회) 당신 품에 좀 잠들어도 될까요?

"Are you OK. Sir?"

다리 길고 늘씬늘씬한 흑인 시큐리어티가 나를 깨웠다. 난 눈을 게슴츠레 떴다. 경비를 하기에는 아까운 몸매와 얼굴이었다.

"아뇨. 안 괜찮으니 당신 품에 잠시 눈 감고 있으면 안 될까요?"

라고 말하고 싶었지만 나는 벌떡 일어났다. 창피해서 휘익 가버렸다. 그도 그럴 것이 너무 잤다. 로비 의자에 앉아서 40분이나 잤다. 스미스소니언 아메리칸 인디언 박물관에서 앉아서 푹 잤다.

이곳은 전시품으로 봐도 훌륭하다. 공간으로 보나, 건축물로 보나 아주 훌륭했지만 아메리칸 인디언이라는 이유로 관광객이 아주 적다. 관광객으로 붐비는 월스트리트 황소 동상 앞에 있는 이곳은 화장실을 가거나, 더위나 추위를 피해 잠시 앉아 있기도 훌륭하다. 그러기에는 난 너무 자버렸다.

마치 보안관에 쫓기던 마지막 토마호크 부족의 아들이 된 듯, 아파치 부족의 마지막 추장처럼 피곤함에 절어 잤다. 오죽하면 경비가 심각하게 나한테 와서 깨울 정도였다. 여행의 피로보다 아침에 먹은 감기약이 독해서 그런 것일 수 있다. 내가 잔 곳은, 아니 관람한 곳은 뉴욕 스미소니언 박물관이었다. 황소 동상과 city bank 사이, 성벽이 있는 금싸라기 땅에 스미소니언 박물관이 있다.

입장료도 무료이고 사람도 별로 없고 쾌적하다. 건물도 멋있는데, 관광객은 거의 없다. 이곳 테마는 뉴욕에 살았던 인디언에 대한 역사와 물품, 그리고 현대 인디언 출신의 미술품도 전시되고 있다.

이곳은 또 한 번 말하지만, 월스트리트 관광하시고 시티뱅크 앞 공원에서도 쉬셔도 된다. 또는 여기 박물관에서 쉬시고 화장실을 쾌적하게 이용하셔도 된다. 이렇게라도 반복적으로 말하는 것은 꼭 한번 들릴 이유가 있는 것이다. 인디언을 호전적으로만 그리거나, 반대로 영적 느낌의 이미지로만 소비했으니까… 이렇게 실생활을 보니 뜻깊었다. 사실 백인의 인디언 학살은 잘 포장했지만 말이다.

사실 휴식처로는 동네마다 뉴욕 공공도서관 지점이 있다. 그곳은 여름에도 쾌적하고 시원해서 잠시 쉬었다가 가도 된다. 들어오는 것은 아무도 뭐라 하지 않는다. 오히려 시원한 도서관으로 들어오라고 쓰여 있다.

다음은 트리니티 교회로 갔다.

뉴욕에서 가장 오래된 교회라고 한다. 와… 911도 지나가고 정말 많은 시간을 보낸 교회이다. 월드 트레이드 센터와 5분 걸리려나. 증권거래소 옆에 있다. 금싸라기 땅에 있는 교회이다. 실제로 많은 부동산을 소유했다고 한다. 들어가는 데는 가방을 검사하고 보안을 철저히 한다. 물론 무료이다.

거기서 기도하다가 또 잤다. 한 40분 기도했나… 40분 지나니 성령으로 충만했다… 그만큼 잤다는 이야기이다. 감기몸살약의 후유증인가? 잠시 환각 작용이 있었던 건가… 어쨌든 마음이 묘해지면서 나 자신을 반성도 하고 소원도 빌었다. 스미소니언 박물관과 이 교회에서 잔 시간을 합치면 대충 두 시간이 된다.

그런데 난 교회에 앉아 있는 게 좋다. 마음도 차분해진다. 정말 자려고 온 건 아니다. 경건한 마음으로 초도 켰다. 역시 이 교회 느낌 좋다. 다른 분들도 여기서 소원을 빌면 좋을 거 같다. 근거는 없다. 그냥 느낌… (사실 월스트리트에 있는 교회이니 왠지 재복이 들어올 거라는 흑심이 숨겨져 있었다… 아멘)

으음 사실 난 기독교 신자가 아니지만, 차분히 여행길에 나 자신을 보여주는 곳이다. 시간을 내서 사진을 찍는 것보다 충분히 앉아서 나를 바라보는 것도 좋은 여행이 될 듯

#38. (뉴욕 9.11 추모관) 공간이 기억을 불러올 때

공간이 시간을 불러올 때가 있다.

어떤 공간에 가면 사랑하는 사람을 기억해낸다. 그 공간은 과거로 돌아가 사랑하는 사람과 있던 시간을 불러오게 한다. 예를 들면 돌아가신 아버지의 방에 가면 아버지의 시간으로 돌아간다, 그 집도 재건축이 되면 이제 그 시간도 사라지게 된다.

또는 공간이 미래를 불러오게 하는 방법도 있다.

예를 들면, 가고 싶은 대학교에 미리 가서 교정을 걸어보는 것이다. 또는 가고 싶은 회사의 로비에 앉아 있다. 오는 것이다. 그러면 공간은 곧 미래의 시간을 불러오게 한다.

또 하나의 예가 있는 데, 코미디언 강호동이다. 한 예능 프로그램에서 그가 한 말이 기억난다. 그가 어릴 적 고등학교 때인가? 그때 무슨 초청으로 씨름단이 뉴욕으로 갔다고 한다. 그때 엠파이어스테이트 빌딩 고층에서 뉴욕을 바라보는 관광코스가 있었나 보다. 10대 강호동이 그 드넓은 뉴욕을 엠파이어스테이트 빌딩에서 보는 순간, 그는 어땠을까?

"와 이렇게 넓은 세상이 있었던 데, 왜 난 몰랐을까. 눈물이 막 났어요."

나는 TV에서 강호동의 말을 듣는 순간, 아… 이 사람은 성공할 수밖에 없겠구나. 넓은 세상을 바라보고 눈물이 날 정도면 그 몸속에는 열정이 가득하다는 것이다. 감정의 밀도는 때로는 비전의 부피와 비례할 수 있기도 하니까.

다행히 한국은 젠트리피케이션이 있어 다행일까? 카페나 식당이 금방금방 문 닫아서 추억의 상념을 빠지게 하지 않는다. 괜찮은 거리가 생기면 대기업과 집주인이 바로바로 임대료를 올려보려 자그마한 식당과 카페를 사라지게 만든다. 과거로 가지 못하게 하니 다행일까?

어쨌든 박물관이나 기념관, 추모관이라는 공간들도 시간을 불러일으킨다. 특히 나는 공간감으로 시간의 장대함을 보여주는 박물관을 좋아한다.

예를 들면 한국에서 제일 좋은 뮤지엄은 목포 해양박물관이다. 내부의 공간감을 통해 시간의 장대함과 바다의 광활함을 알려 준다. 난 여기가 너무 좋아서 3번 넘게 찾아갔다. 목포 해양박물관에는 신안 앞바다에서 건진 보물선을 복원해서 전시해둔 곳이기도 하다.

나는 이 공간을 너무 사랑한다. 고려 시대라는 시간 하고, 이 배가 싣고 갈 물건들을 보면 인도, 베트남, 마카오, 홍콩에서부터 일본 시노모세키까지 큰 공간을 설명해준다. 이 작은 배로 그 먼 곳을 다니는구나 했다. 그렇지 예전에 다 나무배로 만들어졌다. 나무배이기 때문에 사실 아주 작다. 생각보다 작다. 이 작은 배로 저 남인도에서 김수로왕을 만나러 왔을 것이고, 신라로 페르시아의 왕자가 왔을 것이고, 오멘에서 처용이 왔을 거 아닌가.

뉴욕에도 그런 곳이 있다. 9.11 트윈빌딩, 월스트리트의 심장인 곳에 추모관이 있다. 911 사건은 알다시피 뉴욕의 상징인 쌍둥이 빌딩을 비행기 두 대가 부딪혀 건물을 무너뜨린 일이다. 쌍둥이 빌딩이니 비행기가 두 대이다. 그리고 무너지게 하려고 비행기를 약간 기울여서 부딪혔다. 사각으로 갈라져야 건물이 쉽게 무너지기 쉽기 때문이다. 이는 미국에 대한 공격이기도 하고 자본주의에 대한 정면도전이기도 했다. 왜냐하면, 쌍둥이 빌딩, 트레이드 센터는 세계 금융의 심장 월스트리트에 있었기 때문이다. 이 사건으로 세계가 경악했다. 미국이 자국 본토에 처음으로 외부에 공격을 받은 사건이니까.

우리 모두 처음 뉴스를 봤을 때 모두가 그냥 영화의 한 장면, CG라고 생각하고 지나쳤다. 나도 그때 기억난다. 신촌의 통닭집이었다. 그때 통닭 먹다가 모든 손님이 웅성웅성하면서 뉴스를 본 기억이 난다.

이 추모관(911 메모리얼파크)은 그때의 시간과 상황을 전시하는 곳이다. 입장료가 26$ 정도 된다. 그 안에 쌍둥이 빌딩의 잔해들이 있다. 그리고 그 공간이다. 바로 그라운드 제로라고 하나. 거기에 있던 기둥들, 그리고 급히 뛰어 내려가던 비상구, 흩어진 신발들, 부서진 소방차와 경찰차들까지 많은 것을 전시하고 있다. 이렇게 공간을 만드는 것은 당연히 희생자에 대한 존중이다. 그리고 사고현장에 있었던 소방관과 경찰관에 대한 예의이기도 하다.

우리는 어떤가? 한국의 자본주의 1세대가 끝나는 상징적인 사건이 있었다. 바로 성수대교 붕괴와 삼풍백화점 붕괴이다.

성수대교 추모비는 강변북로와 동부간선도로를 타는 분기점에 있다. 버스 타고는 절대 갈 수 없는 곳에 있다. 걸어서도 못 간다. 차에 치여 죽는다. 택시 타도 괜히 기사 아저씨한테 혼날 것 같은 애매한 위치에 있다.

삼풍백화점에 많은 사람이 떼죽음 당했는데, 그곳에 그냥 아파트를 다시 세웠다. 이해는 간다. 금싸라기 강남땅이니까. 그런데도 우리는 희생된 사람에게 애도를 어떻게 할 수 있는가? 복원과정에 힘쓴 소방관과 경차, 군인, 자원봉사자에게 예의와 존중을 얼마큼 표현하는 거? 예의와 존중을 어떻게 얼마나

다 때리치고 뉴욕

표현하는가?

911 메모리얼 파크 근처에는 사실 볼 것도 많다. 5분 좀 넘게 걸으면 "돌진하는 황소"가 있다. 그리고 오큘러스, 교회, Eataly 등등 많다. 여기서 느끼는 것은 천차만별… 당신이 느끼는 그 느낌이 중요하다. 미술관가는 이유도 그렇고. 그림을 보고 무언가 자신이 느끼는 것이 중요하니까.

성수대교를 보며, 강남땅을 보며, 이태원을 보며, 서해를 보며, 팽목항을
보며, 우리는 어떻게 애도해야 하고, 희생을 줄이려는 자원봉사자와
공무원에게 어떻게 예의와 존중을 어디서 표현해야 하는가.

Chapter 5. 공간이 나를 위로해줄 때

다 때리치고 뉴욕 뉴욕에서 마인드 셋!!

#39. (뉴욕 돌고래 여행) 어깨에 귀신이 앉아 있다고 했어.

운이 바뀔 때 즈음에는 바다를 건너가라는 말이 있다. 그러면 귀신도 못 따라가서 운이 좋게 바뀐다는 말을 들었다.

예전에는 늘 어깨가 아팠다. 불운이 시작될 때 그랬다. 어깨가 아프다. 그리고 팔이 올라가지 않는 경우가 있다. 그때는?
그래서 보통 추나요법이나 카이로프랙틱을 받거나 경락 마사지를 받는 것을 추천하기도 한다. 내 경우에는 달리기하고 요가를 추천한다.

그런데 혹자는 누가 어깨에 뭐가 앉아 있다고 말하는 사람도 있다. 처녀 귀신이라 했다. 문제는 그 말을 한두 명에게 들은 게 아니었다. 불운과 밑바닥 인생이라 생각할 때 말이다, 글쎄다….

만약 지금 당신이 그럴 경우, 나의 처방은 무엇이냐…

1. 달리기와 요가이다.
2. 큰 바다를 보러 가라. 태평양을 보러 가는 것이다. 아니면 대서양을 보러 가거나.

다시 두 가지를 설명하자면….

먼저 첫 번째…
달리기와 요가는 위에서 말했다. 척추와 목뼈, 그리고 골반까지 뒤틀어 있으므로 꾸준히 운동해야 한다. 이것은 어깨에 누가 앉아 있건 상관없다. 그만큼 자기 자신을 돌보지 않아서 아플 수도 있다. 내가 처음 요가 할 때, 마음속에 내게 말했다.

"미안해. 나 자신에게….
이렇게 아픈 몸을 내가 너무 내버려 뒀었구나. 돌 봐줄게"

두 번째로….
내가 보리암에서 기도할 때 느낀 것도 있고, 또 조영헌 동양학자의 글에도 나온 말이 있다.

"바다를 건너서 기도해라.
그럼 귀신이 쫓아오지 못하고 떨어져 나간다."
보리암을 두고 하신 말이다. 지금은 남해가 다리가 연결되니까 금방 갈 수 있다. 어쨌든 분명 섬이다.

보통 어깨 아프고 허리 아프다. 동시에 불운에, 부도에, 파산에, 구설수에, 헤어짐에, 일들이 겹겹이 쌓일 때 바빠서 어디 섬에 못 간다. 섬은 시간을 많이 내야 한다.

왜냐면 불운이 겹칠 때는 너무 바빠진다. 몸도 아파도 병원에도 잘 못 간다. 그렇게 된다. 너무 바빠서 멈출 수 없다. 바쁜 이유는 다음과 같다. 이상하게 안 좋은 일이 또 생기고 또 막으려고 뛰어 다니까 또 생기고 그렇다. 끊이지 않아 쉴 수가 없다. 그리고 헛된 욕심이 생겨 몸도 바쁘다. 이리저리 뛰면서 욕심을 채우려다 보니 말이다.

그런데 섬엔 언제 가게 되느냐… 또는 큰 태평양을 언제 보러 가느냐 하면… 모든 것을 끝내기로 하고, 딱 멈출 때, 바로 마음먹을 때이다.

"내 손으로 부여잡고 있던 것을 확 놓아버릴 때,
그리고 그게 아무것도 아니었음을 깨달을 때가 온다."

다 놓아버리는 것이다.

그럼 시간이 생긴다. 그때 바다를 보러 가게 되는 것이다. 그러니까 기도이든 명상이든 나를 위한 시간이 생기는 것이다. 나를 위한 시간이 생기고, 바닥을 찍고 한 걸음 한 걸음 올라가는 것이다. 그것을 귀신이 바다를 못 건너간다고 표현할 수도 있고⋯불운을 버린다고 생각할 수도 있다.

며칠 후, 나는 또 대서양을 보러 갔다. 그냥 간 거지 뭐⋯. 사실 큰 의미 없지. 고래나 보러 갈까 해서다. 그리고 뉴욕여행도 이제 정리할 때가 왔다. 그래서 떠나기 전 대서양을 한 번 더 보고 싶었다.

내 어깨 위에, 내 머릿속에 있는 짐들을 버리기 위함이다. 아니 버릴 것도 없고, 무언가가 따라올 리도 없었다. 왜냐면 뻥 뚫린 대서양을 보면 그럴 수밖에 없다.

어떻게 갔냐고? 뉴욕 고래 여행을 신청했다. 그럼 좀 더 심해로 나아간다. 왔다 갔다. 5시간 소요된다. 돌고래 대 여섯 마리 봤나? 그래도 괜찮다. 바쁜 뉴욕 관광일정을 짜시는 분한테는 비추천⋯ 나처럼 한가한 사람은 그냥 5시간 대서양을 보고 오는 것이다. 갈매기 쳐다보면서 말이다.

예전에 캘리포니아에서는 내가 탄 요트 옆으로 돌고래 수십 마리가 따라다녔던 감동이 있었던 데 말이야⋯. 근데 돌고래 말고 진짜 고래를 보는 여행은 권하고 싶다. 미국 서부 쪽으로 갈 때 권하고 싶다.

아주 멀리서 지구상에 가장 큰 고래가 숨을 쉬러 밖으로 나올 때, 그 감동은 잊을 수 없다. 지구가 정말 크고 나는 정말 작구나. 그리고 나는 너무나 작게 꿈꾸고 있구나 하는 반성. 왜 큰 생각을 하지 못할까… 하는 생각들

물론 이번에는 돌고래 몇 마리 보고 온 거다. 참고로 이상한 변호사 우영우 때문에 고래 여행을 온 것은 아니다. 그냥 원래 유일한 계획이었다.

그래서 어깨 위에 귀신은? 지금은 당연히 있을 수 없다. 예전에 그렇다는 것이고… 그때 일찍 바다를 건너왔어야 했는데…밝고 웃고 운동하고 바르게 살고 밥 잘 먹고 기부하고 가족을 위하고 살면 그런 것은 사라진다.

그래서 이 말이 어려운 거구나. "범사(평범한 하루)에 감사하라"

다 때리치고 뉴욕

#40. (뉴욕, 비 오는 날 도서관에서) 공간이 나를 위로해줄 때

공간은 아주 중요하다.

풍수도 중요한 것일 수 있다. 그리고 인테리어도 중요하다. 하지만 사람의 마음가짐도 중요하다. 잘 안 풀릴 때는 화장실도 더럽고 방도 지저분하다. 그리고 물건을 쌓아 놓고 버리지 않고 있다. 결국, 공간의 힘은 풍수보다는 사람이 결정한다. 내가 마음을 잘 먹으면 공간이 내게 위로를 해준다.

내가 잘 가꾼 곳이라면 좋은 공간이 된다. 그러면 작고 낡은 집이라도 그 공간이 내게 위로를 해준다. 일어나라고 말이다. 나는 재충전과 새로운 시도를 위해 잠시 공간을 옮겼다. 서울에서 뉴욕으로….

오늘은 뉴욕시각 기준으로 묘시, 새벽 6시 전후로 오랜만에 전화와 카톡, 문자들이 몰려왔다.

평소에 없더니만 말이다. 어제는 브루클린 브리지도 걷고 해서 무려 18km나 걸었다고 건강 앱이 알려줬다. 그래서 어제 일찍 쓰러지듯 잠들었더니 오늘 일찍 일어났다. 비 오려나…. 창문으로 들어오는 바람도 제법 쌀쌀했다. 시원할 때 조깅을 할까 하며 눈을 떴다.

예전 뉴욕에서는 매일 아침에 조깅을 했었다.

29살에 갔던 뉴욕, 호텔은 큰 공원 앞이었다. 화장실과 샤워실은 공동으로 쓰고 아침에는 커피와 우유, 머핀과 시리얼을 좁은 로비에 두었다. 그리고 침대는 병원 입원실에 간이침대 같은 거였다. 그래도 시내 중심가였었다. 나는 시차에 바로 적응해서 아침마다 그 공원을 뛰었다. 운동하지 않은 마른 비만형

(말랐으나 몸에 지방만 있고 근육이 없는 형태) 체격이었던 그 젊은 시절에도 뛰는 게 너무나 상쾌하고 좋았다. 뉴욕 내내 뛰었다. 그 공원이 한국에서 책으로 보니 센트럴 파크였다.

어릴 적에 어씨스트하느라 월급이 차비밖에 안 나오는 저임금, 밤샘 촬영과 철야 편집, 도제 시스템 등에 시달렸던 나로서는 그 큰 공원이 나의 위로가 돼주었다. 유명 관광지가 아니라 그저 나무가 많고, 말 타는 경찰들이 지나가는 울창한 공원이라고 나는 생각했었다. 내가 뛰는 공간이 나의 위로가 돼주었다.

오늘 아침에 몰려든 연락은 모두 업무와 관련되어 있거나 퇴직 전에 관련된 분들이었다.

안 그래도 오늘은 아무 데도 나가지 않으려고 했다. 차분히 글도 쓰고 책도 보고 조깅을 하려고 했던 참이었다. 무슨 일일까 한분 한분 다시 연락을 해보았다.

많은 연락 중에 4건으로 요약해 본다.

1. 20억 원짜리 상가를 어떻게 할까? 임대가 걱정이라는 연락을 받았다.

이거는 오늘 아는 형님과 통화하면서 들은 이야기이다. 암요 나는 공감대를 형성하며 걱정해줬다. 나는 실업자이니까 한국으로 돌아가면 전세에서 월세로 옮길 생각을 하던 참이었다. 형님은 20억짜리 본인 상가에 스타벅스가 안 들어오고 길 건너 상가로 가버렸다는 것에 분노했다. 자신의 상가가 굉장히 요지인데 빌 것 같다는 것이다. 나는 그 공간에 대해 위로를 해주었다. 나는 현재 실업자이고 6개월간 돈을 벌어본 적이 없는 상태이지만 진심으로 걱정해 주었다. 그러다 다른 주제로 즐겁게 수다도 떨었다.

2. 강의하지 않을래? 서울에 있는 작은 학교이고 시급은 얼마 안 되지만?

뉴욕에 집까지 선뜻 내준 선배가 또 연락이 아침부터 왔다. 뭔가 했더니 가을 학기에 강의를 해보라고 급히 연락한 것이다. 이 선배가 내게 빌려준 집에서 도 충분히 위로를 받고 있었다. 이 공간이 내게 따뜻한 위로를 보내주고 있었 던 데, 선배가 한국에서 또 내 걱정을 해주는 것이다.

연락 내용은 내 이력서 하나 보내달라고 급히 카카오 전화를 한 것이다. 어차 피 이번 해는 삼재의 시작이고, 올해는 취업이 안 될 것 같으니 오케이 했다. 또 강의할 곳도 집과 가까워서 다행이다. 일어나자마자 이력서를 다시 해당 학교에 맞게 작성해서 보내주었다. 빨리 보내달라는 것이었다.

3. 강의하지 않을래? 일단 강좌 계획서 좀 다시 보내줘

다른 학교 교수로 있는 분이 전화가 왔다. 전체 강좌 계획의 틀을 잡아달라는 부탁을 받았다. 세부과목과 추진 방향 추진내용 등에 대해서 기본계획서를 작 성해달라고 연락이 왔다. 그전에 교육과정에 대한 컨설팅을 토크로 한번 한 적이 있어서, 그때 했던 말들을 옮겨 적으면 될 듯했다. 양식은 다른 기관의 것을 참조하면 될 것 같다고 내가 말해주었다. 언제까지? 바르면 좋지 않을 까? 하는 답이 왔다.

4. 이거 버릴까요? 퇴직 전 직장의 주임님으로부터 연락이 왔다.

내 회사의 책상 위 자질구레한 기념품이나 물품을 찍은 사진이 카톡으로 왔다. 그러면서 버릴까요? 하는 질문과 함께 말이다. 내가 뉴욕에 있으니 시차가 있을 거라고 충분히 말했는데, 새벽 5시 반에 카톡 카톡 소리가 났다. 그전에도 나는 퇴사했으니 책상 위에 물품은 다 버리라고 말했는데….

내일모레 나이 60이 되시니 이해해야지. 성격이 불같은 데 상당히 디테일하셨던 주임님이시다. 내가 팀장일 때 나한테도 잘해주셨다. 가끔 지저분한 내 책상도 정리를 도와주시곤 했다. 나는 카톡으로 다 버리라고 말씀드렸다. 그리고 이렇게 신경 써주셔서 감사하다는 말을 했다. 그러면서 속으로 생각했다.

"내가 두고 간 물품은 다 버려주세요. 찾아가지도 않을 것이고, 회사에서 쓰던 거 집에 두지도 않을 거랍니다. 그런 물품을 보면 나의 미래와 비전보다 과거에 더 얽매일 것 같아요."

오늘 비가 내렸다. 동네 제일 좋은 길, 가장 비싼 요지에 공공도서관이 있다. 아주 넓다 위치로만 봐도 분위기만 봐도 풍수지리는 안 봐도 될 정도로 좋아 보인다. 도서관은 운을 풀리게 만드는 공간이니까. 예전에 안 풀릴 때 문득 도서관가서 로마인 이야기 15권을 다 읽었더니 그동안 힘든 일들이 지나갔던 적이 있었다.
나는 컴퓨터를 들고 도서관에 갔다. 그곳에서 아침부터 전화 온 것들에 대해 일 처리 했다. 금방 하루가 가버렸다. 어두워졌다. 일 처리를 다 하고 집에 오니 비가 왔다.

비를 맞으며 나는 조깅을 했다. 이 공간이 내게 위로를 해준 것 같았다. 이제 한국으로 돌아갈 때가 다가오고 있구나. 29살 때 뉴욕에서 매일 조깅하던 날들을 생각했다.

그리고 앞으로 뛰어야할 미래에 대해 생각했다.

#41. (뉴욕생활을 정리하고) 고향으로…. 사표는 냈는데, 이제 뭐 하지?

원래 영웅신화 플롯에서는 영웅이 집을 나오고 결국 고향으로 돌아가는 구조로 되어 있다.

물론, 영웅이 되기 전에는 무조건 떠나야 한다.

고향에서는 비리비리한 존재이고, 동네 사람들도 무시했으니까 영웅이 잘난 사람인지 모른다. 그런데 대부분 떠나는 것은 우연이다. 쫓겨날 수도 있고, 가야만 하는 것일 수도 있다. 보통 자신의 의지와는 무관하게 떠나게 된다. 그것을 서사구조에서 무엇이라고 하느냐?

"뜻밖의 여정"이라고 한다.

고향을 떠나 뜻밖의 여정을 거치며 산전수전을 겪는다. 그런데 3가지를 얻게 된다.

하나는 자신도 모르는 파워(권력, 힘, 전문기술)와 어떤 도구(절대반지, 토르의 망치 등)를 갖게 된다. 3번째는 돈과 여자(또는 남자)이다. 물론 대부분 고향으로 돌아갈 때는 이 3가지를 잃게 되고, 다시 죽을 고비를 넘겨야만 한다.

그런데 이 3가지를 얻게 되는 과정에서 중요한 것이 있다. 난 이게 플롯의 핵심이라고 생각하는 데, 무엇일까? 바로
"귀인"이다.

영웅은 귀인을 만나게 된다. 간달프와 덤블도어, 취권의 술 취한 사부 등을

　　　　　　　　　다 때리치고 뉴욕

만난다. 스승이다.

그리고 영웅은 고향 또는 안주할 동네로 와서 동네를 장악한 사악한 용이나, 양아치, 외국 군대, 괴물 등을 또 죽도록 물리쳐줘야 한다. 그제야 고향 사람들이 인정해 준다. 그리고 다시 떠난다. 〈황야의 무법자〉 같은 서부극 플롯이다.

결론은 고향으로 돌아갈 때는 어떤 모습이냐. 과거의 나와 현재의 나는 다르다는 것이다.

이제 고향으로 돌아갈 준비를 해야 한다. 돌아가야지. 그런데 3가지 걸림돌이었다.
하나는 비행기 티켓 확인
둘째는 코로나검사
마지막 '돌아가서 뭐하지!' 였다.

티켓이 문제였다.
돌아갈 때가 하필 최고 성수기 때이다. 미리 예약을 했으나 부득이 일정을 옮겼다. 성수기 때라 수수료가 백만 원 붙었다. 오 마이 갓... 의뢰가 들어온 특강 준비도 해야 하고 기타 서류 준비도 해야 하기 때문이다. 게다기 이제부터 또 변동이 안 된다. 일정 변경이 제한되었다. (돌이켜보니 꼭 변경 안 해도 됐다.)

두 번째는 코로나검사였다.
한국에 돌아가려면 출발 48시간 안에 PCR 검사한 거 보여주어야 한다. 코로나 걸리면 그냥 비행기 못 탄다. 앞에 말한 대로 몸이 너무 안 좋아서 코로나 걱정이 앞섰다. 만약 코로나였으면 이제 숙소도 옮겨야 하고, 돌아가는 티켓은 그냥 날리는 것이다. 해외여행자보험에서 비행기 표도 보상 못 한다고 한다. 티켓을 새로 사야 한다. 그리고 다시 호텔도 잡아야 하고, 밥도 먹어야 한다. 이래저래 대략 5백만 원 깨질 듯했다. 그런데 결론은 음성으로 나왔다. 자가 키트 2번, PCR 2번 해도 음성이니 다행이었다.

세 번째로는 막상 겁이 났다. 한국에 가면 뭐하지….

뉴욕에서 돌아다닐 시간에 너무 컨디션이 안 좋았다. 10일 정도 집에 있다 보니 글도 쓰고 차분하게 나 자신을 정리할 기회도 얻었다. 어디 쏘다니지 말고 자신을 돌아보라는 신의 계시인 것 같았다. 떠날 때 즈음에는 몸이 좋아져서 1주일만 더 있었으면 했다. 떠날 때가 되니 아쉬웠다. 그래도 이제 무언가를 시작하러 돌아가야 할 때이다.

뉴욕에서 새로운 아이템이나 새로운 사람, 새로운 방향, 횡재 이런 것을 얻지는 못했다. 그래도 차분히 나를 돌아보는 기회는 된 것 같다. 머리를 비운 것 같고, 가슴 한켠 뜨거운 화는 삭인 거 같다. 그리고 두려움도 조금 해소된 듯하다. 돌이켜보니 머리를 비운 것, 23년간 직장 생활을 정리한 것도 큰 의미이다.

뭔가는 해야지. 그래도 한국으로 돌아가서부터는 이제 정신 차려야지. 때려치우지 말고 말이다. 이제 뉴욕 여행기는 여기서 마무리해야겠다. 여기까지 읽어주셔서 감사, 무한한 감사의 말을 드리고 싶다.

아 회사 이름도 하나 만들었다. 여러분의 도움 기다리겠다. 이름이 뭐냐고?
　　　　　　　　내 회사 이름은 바로

"켈리 픽쳐스"

다 때리치고 뉴욕

현우진

켈리 픽처스

다 때리치고 뉴욕으로 - 뉴욕에서 마인드 셋!!!

979-11-982825-7-6

값 10900 원

03940

9 791198 282576

ISBN 979-11-982825-7-6